本书出版获以下资助，特此致谢：

·2011年度教育部人文社会科学研究一般项目"中国新生代农民工的语言使用与社会认同"（项目批准号：11YJC740026）
·集美大学出版基金
·集美大学文学院行健学术基金

集美大学文学院行健学术丛书第三辑

付义荣 ◎ 著

中国社会科学出版社

图书在版编目(CIP)数据

中国新生代农民工的语言使用与社会认同 / 付义荣著 . —北京：中国社会科学出版社，2016.6
ISBN 978 - 7 - 5161 - 8310 - 6

Ⅰ.①中… Ⅱ.①付… Ⅲ.①民工 - 言语 - 研究 - 中国 Ⅳ.①H1

中国版本图书馆 CIP 数据核字(2016)第 124036 号

出 版 人	赵剑英
责任编辑	任　明
特约编辑	李晓丽
责任校对	季　静
责任印制	何　艳

出　　版	中国社会科学出版社
社　　址	北京鼓楼西大街甲 158 号
邮　　编	100720
网　　址	http：//www.csspw.cn
发 行 部	010 - 84083685
门 市 部	010 - 84029450
经　　销	新华书店及其他书店
印刷装订	北京市兴怀印刷厂
版　　次	2016 年 6 月第 1 版
印　　次	2016 年 6 月第 1 次印刷
开　　本	710 × 1000　1/16
印　　张	10.75
插　　页	2
字　　数	175 千字
定　　价	58.00 元

凡购买中国社会科学出版社图书，如有质量问题请与本社营销中心联系调换
电话：010 - 84083683
版权所有　侵权必究

总序：在遥远的海滨

苏　涵

展现在您面前的这套丛书，是由一个居住在遥远海滨的学术群体——集美大学文学院的教师致力于各自学科的研究，近期所推出的部分学术成果。这套丛书的内容涉及中国古代文学、中国现当代文学、语言学、文艺学、比较文学与世界文学等若干学科方向，分界交融，见仁见智，各立一说，从不同角度体现着这个学术群体所作出的勤劳而智慧的工作。

这套丛书之所以能以这样的形式出版，并且冠以"集美大学文学院行健学术丛书"之名，是因为一个必须铭记的事实：它是由吕行健先生捐资设立的集美大学文学院行健学术基金资助出版的。吕行健先生是集美大学文学院的校友，毕业后曾经留校工作，后来求学于北京，驰骋商海，再将自己所获得的财富回报于母校，支持母校的学术事业，其行其意都令人感佩。

当然，不论是这个学术群体所作出的努力，还是吕行健先生对母校学术研究的支持，都与集美大学源远流长的精神传统与学术传统有着密切的关系。

远在1918年，著名的爱国华侨领袖陈嘉庚先生就在他的家乡——集美创建了集美师范学校，1926年又在集美师范学校设立了国学专门部，我们将此视为集美大学的前身。虽然，那个时候，这"前身"仅仅是师范学校的格局，而非陈嘉庚先生期望的"大学之规模"，但是，却有着卓越的教育理念与学术思想。这些，都绝非我们今天所认识的同等学校可比拟，甚至值得我们今天具有"大学之规模"的诸多学校管理者借鉴与思考。

在当时的集美学校，校主陈嘉庚先生不仅倾尽自己在海外经营所获得的财富，在内忧外患的年代里，倾力支持集美学校的发展，而且倡导以最优厚的待遇聘任优秀教师，支持他们的学术研究。先后聘任过诸如国学家钱穆、文学家王鲁彦和汪静之、教育学家朱智贤和罗廷光、哲学家王伯祥和杨筼如、生物学家伍献文、经济学家陈灿、地理学家盛叙功等到校任教。这些或盛名于当时，或享誉于后世的学问大家，在这里教书，在这里做学问，培养了一批批杰出的人才。翻开至今保存完好的当年出版的《集美周刊》，几乎每一期上都刊登了当时师生的学术论文、文学作品，以及大量的学术活动与教学活动的报道，使读者可以感受到一股扑面而来的学术气息，感受到朴实而充满灵性的学术研究品格。

20世纪50年代之后，陈嘉庚先生创建并维持了近半个世纪之久的集美学村里门类众多、规模巨大的所有学校，逐渐归属于国家所有，并以"大学之规模"迅速发展，才有了今天作为福建省重点建设高校之一的集美大学，也才有了今天正在蒸蒸日上的集美大学文学院。

正是在这样的地方，我们的教师融洽相处，切磋砥砺，致力学问，锐意进取，不断提高着自己的学术境界，也不断扩大着自己的学术影响。到目前为止，我们学院已经拥有中国语言文学一级学科硕士学位授予权，拥有一大批颇具影响或崭露头角的优秀学者。他们在中国古代小说、中国戏曲文学、古代文艺理论与批评、西方小说史、英美当代文学、现当代文学批评、现当代纪实文学与乡土文学、应用语言学、文字学、方言学、文艺学基本理论、民间文艺学等研究方向上都作出了优异的成绩。尤其值得一提的是，这个学术群体有着非常明晰的学术发展理念，那就是：以中国语言文学的基础研究为主体、为根基，做扎实的学问；以现实文化问题研究为辅翼、为延伸，增强学术研究对社会现实的介入可能。在这一学术理念的引导下，我们近年不仅获得了一大批国家社科基金、教育部社科基金、省社科基金项目，而且获得了来自社会的有力支持，正在开展着大方向一致而又丰富多彩的各种系列研究。

也正是因为这样，我们才决定组织出版全由我们教师自己研究而推出的"集美大学文学院行健学术丛书"。我们计划，这套丛书每年一辑，每辑可以根据情况编排不同的数量。而每一辑的丛书，既可能是不同作者在不同方向上的撰著，也可能是围绕相同或相近方向不同作者的各抒己见。但不论如何，我们都希望它成为一个见证，从一个角度见证我们学院教师的学术努力，见证我们不断向更高境界前行的足迹。

我们不可能停留在学术研究的某一个层面上，维持现状，我们期待的是在这个前行的过程中，不断地向自己挑战。因为只有这样，才有学术上的真正创造和持续发展。

虽然我们遥居海之一隅，但是，这里不仅有着由陈嘉庚先生亲手创建并在后来日益扩大、愈臻优美的校园，而且有着陈嘉庚先生用一生的言行所体现的伟大精神为我们注入持久不竭的精神动力，我们一定能够不断地达到我们追求的一个个目标。

从集美大学文学院的楼顶望去：近处，红顶高楼林立于蓝天之下，湖泊花园散布于校舍之间，白鹭翔集，群鸟争鸣，正乃自然与人文交融为一的景象；远处，蓝色大海潮涌于鹭岛之外，连通着广阔的台湾海峡，交汇汹涌的太平洋洋流——有时暖气北上，幻变成风雨晴阴，有时台风遥临，呼唤出万千气象，恰是天地造化之壮观。置身于斯，不生江湖之远的感慨，反而令人常常想起李白的名句："阳春招我以烟景，大块假我以文章。"

是为序。

2012 年 6 月 29 日
于集美大学文学院

自　序

　　本来想随个俗，请自己的老师或者其他有名望的学者作个序，以提升一下本书的人气。但一想到作序者无论喜欢还是不喜欢此书，都要耐着性子看完，无论此书写得好不好，都要碍于面子夸上一通，甚至还要提心吊胆地为书中可能的错误担责，我就有些过意不去，想想还是不要为难别人了，自己给自己作个序吧。

　　时任国务院研究室主任的魏礼群（2006）曾如此说道："正确认识和高度重视解决农民工问题，是建设中国特色社会主义事业中一个重大的历史性课题。"然而，我开始关注农民工时还未意识到农民工议题竟然有如此重大的意义，我只是出于对这一群体的熟悉、关心才对它产生研究兴趣的。本人成长于安徽中部一个普通的村庄，20世纪80年代的安徽农村有两样事闻名全国：一个就是凤阳人率全国之先搞的"大包干"，另一个就是进入城市打工的"小保姆"。我所在的那个村子，当时就有几个做保姆的年轻女孩。她们是那个村子最早的一批农民工，之后陆陆续续的，村里的男人们才开始进城打工。到90年代后期，进城打工在村里渐成风气，直至今天全村已有40%多的人都在外打工，打工早已成了这个村子最主要的经济来源。如果当初没有考上大学，今天的我一定也会是这个队伍中的一员，就像我的姐姐、哥哥、亲戚、同学们一样。当身边有如此多的人、如此亲近的人都在这个群体中时，你就不能不关注它，而当你从事的又是一份社会研究工作，那么将这种关注转化为研究就再自然不过了。

　　关于农民工的社会学研究几乎和这个群体的出现一样早，但关于农民工的语言学研究则比较晚，从公开发表的文献看，直至2004年才开始有这方面的研究。经十余年的发展，"农民工语言研究"在语言使用、语言态度、语言学习等方面都取得了不俗的成就，甚而成为中国社会语言学领域的一个"热点"。不过,法国社会学家埃米尔·迪尔凯姆(1996:1)说过,"一门科学的进步,其标志是它所研究的问题不再原封不动"。对"农民工语言研究"而言,若要更进一步,显然也不能原封不动,而必须寻找新的突破口。在此过程中,社会学关于农民工的研究给了我们很好的启示,早在2001年,中国社会学界就已展开了对新生代农民工的调查与研究,"新生代农民工"这一概念以及我们关于这一群体的很多知识基本上都来自这一领域所做的很多工作。当然,社会学之所以在这个时期关注新生代农民工,并不仅仅出于学科发展的需要,更是出于现实的需要,即农民工群体内部的新变化——新生代农民工已成长为这个群体的主体,农民工问题从某种意义上说已演变为新生代农民工问题。同理,无论从学科本身的发展需要,还是现实的需要,中国社会语言学关于农民工的研究都不能不将重点转向新生代农民工。

然而,即便是新生代农民工,他仍旧是"农民工"。"农民工"本身就是一个充满矛盾的概念:说其"农民",他又不在农村生活,不在田地务农;说其"工人",他在城里又被视为"农民",不能像真正的城里人那样享受同等的福利与待遇。因此,这实际上就是一个社会认同模糊的群体,无论是社会学的研究,还是本书的研究,也都证实了这一点。但问题是,这样模糊的群体究竟如何影响他们的语言使用呢?无论在社会心理学领域,还是在社会语言学领域,学者们都将语言视为认同的符号。现实生活中,人们也确实利用自己所用的语言向对方表明或暗示"我是谁",诚如赫德森(Hudson,2000:231—232)所言:当你在说话时,你的说话方式实际上就在传递"面子",说白点,就是你想让对方认为你是何种人。

研究之初,我们曾以为农民工是以普通话或老家话作为自己的社会认同符号:越是认同城市,就越有可能使用普通话;越是认同农村,就越有可能使用老家话。同时还以为,新老农民工会因此表现出这样的差异:新生代农民工比老一代更认同城市,因此更有可能使用普通话;老一代农民工比新生代更认同农村,因此更有可能使用老家话。设想看似理所当然,但事实却是另外一番景象。我们的调查结果显示:农民工(无论新老)并没有以普通话或老家话作为自己认同城市或农村的符号，新老农民工无论在语言的使用上还是在对城市或农村的认同上都是大同小异，至少没有出现我们曾设想的那种差异。当然，这样的结果并不是要否认语言使用与社会认同之间的关联性，因为农民工还有可能以语言系统中的某个（些）元素（语音、词汇或语法的）来表达对城市或农村的认同，也有可能以普通话或老家话作为其他社会认同的符号，例如，大量研究显示农民工会以老家话作为地域认同的符号。

那么，究竟是何种原因导致新老农民工有着如此相象的语言使用与社会认同呢？我们认为，这或许源于他们在整个社会结构中有着相同的地位和处境。新中国成立后不久，我国便开始实行城乡分治，一个城乡二元分割的体制逐步确立起来，即便是改革开放后这种体制有所松动，但并未真正被打破，全国大大小小的城市仍旧以户籍制度为基础施行城乡区别对待、地域区别对待的管理模式。在这种模式中，进城的农民工无奈地背负着"农民"和"外地人"的双重身份而游走在城市的边缘，他们从事着城里人或当地人一般不愿干的脏活、苦活、累活，甚至遭遇这样或那样的歧视。对农民工而言，他们主要是因为农村的落后、贫穷而来到城市的，如果说农村生活的诸多艰辛让他们难以形成农村认同的话，那么城市生活的万般辛酸也同样让他们难以形成城市认同。他们处境尴尬，实际上是一群既不能回归农村又不能融入城市的"双重边缘人"，而当这两种相互区别而存在的认同没有在一个群体中确立起来时，自然也就谈不上对该群体的语言使用有什么影响。综合诸多研究来看，无论是新生代还是老一代农民工，更多的是出于一些实际的利益诉求来使用普通话或老家话的：普通话是他们在城市拓展事业、方便生活的有利工具，而老家话具有密切乡邻的潜在价值，是他们精神孤独或孤立无援时寻求老乡支持和帮助的有利工具。也正因为如此，普通话主要用于农民工的外部交际，老家话则主要用于内部交际，二者各司其职，在农民工的语言生活中扮演着不可替代的角色。

不得不说，我们的发现并不是关于农民工群体的最终结论，因为这些结论只是基于这一群体中极少一部分样本的调查而得出的，从某种意义上说，它们只能作为农民工总体的一种推论。事实究竟如何，还得需要更多的学者组织起来以更加科学的方法对更多的农民工进行更加广泛、深入的调查、分析，最后无论是证实还是证伪我们的结论，都将意味着我们距离"真实"又进了一步。本人期待这样的局面早日出现,在此真诚欢迎各位同仁不仅能给予本书宝贵的指导与批评,而且能以实际行动参与到农民工的研究中,为国家顺利解决农民工问题贡献一分力量。

付义荣

2015 年 11 月 14 日

目　录

第一章　导言 …………………………………………………… （1）
　第一节　问题的提出 ………………………………………… （1）
　第二节　研究意义 …………………………………………… （7）
　第三节　结构安排 …………………………………………… （10）

第二章　社会认同理论 ………………………………………… （12）
　第一节　社会认同理论的演变 ……………………………… （12）
　第二节　社会认同理论的基本内容 ………………………… （20）
　第三节　社会语言学视阈中的社会认同理论 ……………… （27）

第三章　研究设计 ……………………………………………… （36）
　第一节　主要变量的测量 …………………………………… （36）
　第二节　数据来源 …………………………………………… （42）
　第三节　主要统计方法 ……………………………………… （44）

第四章　新生代农民工的语言使用 …………………………… （50）
　第一节　新生代农民工的语言能力及习得 ………………… （50）
　第二节　新生代农民工的语言使用 ………………………… （57）
　第三节　中国农民工的语言使用现状 ……………………… （61）

第五章　新生代农民工的社会认同 …………………………… （72）
　第一节　新生代农民工的身份认知 ………………………… （72）
　第二节　新生代农民工的归属 ……………………………… （80）

第六章　新生代农民工语言使用与社会认同的相关性及其解释 …… （94）
　第一节　新生代农民工语言使用与社会认同的相关性 ……… （94）
　第二节　关于新生代农民工语言使用与社会认同的解释 …… （107）

第七章　结语 …………………………………………………（130）

附录　进城务工人员社会认同和语言使用状况问卷调查…………（138）

参考文献 ……………………………………………………………（143）

后记 …………………………………………………………………（160）

第一章 导言

改革开放后，随着工业化、城镇化进程的加快，大量农村人口转移到工业、服务业等非农行业，于是便形成了一个特殊而庞大的群体——农民工。如何让农民工真正融入城镇，或者说如何让城镇真正接纳农民工，将是当代中国不得不面对的难题，因为这将直接关系到我国从传统农业大国向现代工业强国转型的成败。为此，从政府到社会都在关注这一群体的发展，农民工问题亦早已成为我国学术界的研究热点。近几年来，关于农民工的社会语言学调查和研究也逐渐多了起来，从中得到的数据和结论很好地弥补了社会学、人类学、经济学等学科关于农民工的认识，使我们对农民工的了解更加全面而深入。然而，农民工并不是一个静止不变的群体，经约30年的发展，如今的农民工已经是一个以新生代为主的群体。因此，关于农民工的任何研究都需要适应农民工群体的这一新变化，开始向"新生代农民工"聚焦，社会语言学也不例外。本课题正是这样一次尝试，并且选择社会认同这一视角来对该群体的语言使用进行描写和解释。

第一节 问题的提出

"农民工"一词始于何时何处，今天已难以考证，但可以肯定的是，该词是在改革开放以后才流行起来的。按《中国农民工调研报告》（国务院研究室课题组，2006：1），"农民工"是我国经济社会转型时期的特殊概念，是指户籍身份还是农民、有承包土地，但主要从事非农产业、以工资为主要收入来源的人员；其又分狭义和广义两种情况，狭义的农民工一般指跨地区外出进城务工人员，广义的农民工还包括在县域内第二、第三产业就业的农村劳动力。简单点说，农民工就是"离土不离乡"或"离土又离乡"的农民。相对而言,狭义上的农民工,即"离土又离乡"的农民工,由于规模大、流动性强,对交通、治安、社会管理等产生了一系列更为显著的影响,因此产生的问题会更多,受到的关注也最多。包括社会语言学在内的诸多学科关于农民工的研究基本上都集中于此类农民工,这也是人们对"农民工"的最普遍理解,本课题也将着眼于这部分身在异乡的农民工,尤其是其中的新生代。

从已有的文献看,早在2000年,就有学者开始将研究的目光投向了新生代农民工。不过,在早期的研究中,学者们所用的名称是"新生代农村流动人口"而不是"新生代农民工"。笔者以篇名中含有"新生代农民工"或"新生代农村流动人口"的方式在中国知网上搜索2013年及之前发表的论文,通过一番甄别,共获得4100篇相关论文(具体数据见表1.1),这些文献从一个侧面反映了新生代农民工研究的现状。

表1.1　　　　新生代农民工研究文献之搜索统计情况一览

年份	搜索词（篇名）		年份	搜索词（篇名）	
	新生代农民工	新生代农村流动人口		新生代农民工	新生代农村流动人口
2000	0	1	2007	49	0
2001	0	1	2008	54	0
2002	0	1	2009	81	0
2003	0	2	2010	682	0
2004	0	2	2011	1080	0
2005	9	0	2012	1101	0
2006	32	0	2013	1003	2

由表1.1来看,在所有4100篇论文中,只有9篇使用的是"新生代农村流动人口"这一称谓,所占比例只有0.22%,且基本上都出现在2004年及之前的文献中,这说明"新生代农民工"这一称谓大致是于2005年开始定型并逐渐流行起来的。从各年份所发论文数量看,关于新生代农民工的调查研究是逐年增多的,尤其2010年最为关键,该年的论文数一下子猛增到682篇,是上一年的8倍多,比之前所有年份的总和还要多。之所以如此,或许和中央的高度关注有关。2009年12月31日,中共中央、国务院发布了2010年的一号文件,即《中共中

央、国务院关于加大统筹城乡发展力度进一步夯实农业农村发展基础的若干意见》，在该文件中明确要求："采取有针对性的措施，着力解决新生代农民工问题。"这也是"新生代农民工"首次出现在中央一号文件中，而这样的关注显然又与农民工群体本身的变化形势有关。据国家统计局的数据，截至2009年，全国外出农民工的数量已经达到14533万人，其中新生代农民工就有8487万人，占全部外出农民工总数的58.4%，已经成为外出农民工的主体并且在整个经济社会中发挥越来越大的影响（新生代农民工基本情况研究课题组，2011）。而据国家统计局最新的数据，2015年第3季度，我国农村外出务工劳动力已增至17554万人。① 即便按原有的比例，新生代农民工的数量据估计也应在1亿人之上。可以说，经约30年的发展，农民工群体已经出现了明显的代际分化，新生代农民工已经成为该群体的主体。而在这样的代际转换中，或许会产生新的社会问题，从而会对我国当前的社会、政治、经济等造成这样或那样未知的影响。正是在这样的背景下，新生代农民工才成为各界关注的焦点。

如今，随着研究的日益深入和增多，"新生代农民工"这一提法已经深入人心。不过，关于"新生代农民工"的具体内涵迄今并未完全统一。在王春光的《新生代的农村流动人口对基本公民权的渴求》（2000）、《新生代农村流动人口的社会认同与城市融合的关系》（2001）等文中，"新生代农村流动人口"是相对于20世纪80年代初次外出的农村流动人口而言的，主要指90年代初次外出务工经商的农村流动人口。董海军（2006）则将在计划生育政策下出生成长的第二代农民工视为新生代农民工。朱永安（2005）、赵岚（2007）、陈兰（2010）等人说得比较具体，将20世纪80年代以后出生的农民工视为新生代农民工。中国青少年研究中心（2008）、全国总工会新生代农民工问题课题组（2010）都将16岁以上的"80后"农民工视为新生代农民工，其中后者还添加了一个限制："在异地以非农就业为主的农业户籍人口"。农业部长韩长赋（2010a）则将"80后""90后"农民工视为新生代农民工。国家人口和计划生育委员会流动人口服务管理司

---

① 数据来源于中华人民共和国国家统计局（www.stats.gov.cn）。

(2011：130）将1980—1994年出生的、年龄为16—30岁的农民工视为新生代农民工。国家统计局住户调查办公室（2011）则将新生代农民工界定为1980年之后出生的外出农民工。综合这些界定，各家基本上都将新生代农民工定位于"80后"农民工，所不同的只是在于是否外出、是否年满16周岁上。前文已指出，外出农民工规模大、流动性强，一开始便受到我国政府、社会的高度关注，也是学术界关于农民工研究的重点，而未满16周岁的农民工属于非法用工①，只是农民工中的极少数现象。鉴于农民工的这一实际情况，本课题将继续沿用国务院研究室关于"农民工"的狭义定义，并将其中1980年及之后出生、年满16周岁以上的人员视为"新生代农民工"，亦即20世纪八九十年代出生，户籍在农村而在城镇就业的人群。实际上，这也是当前"新生代农民工"研究中最普遍的一种做法，即便是前面提到的那些学者和研究机构，虽然关于"新生代农民工"的定义彼此有别，但在实际操作时所选择的调查对象仍旧是这部分年满16周岁的"80后"外出农民工。

不过，当前热闹的新生代农民工研究高度集中于社会学领域，无论是"新生代农民工"这一概念，还是我们对该群体的实际了解，基本上都来自于这一领域（储卉娟，2011）。表1.1所列的四千余篇论文中，仅有一篇牵涉到新生代农民工的语言，即陈晨的（2012）的《新生代农民工主体性建构：语言认同视角》。该文作者采用蹲点调查的方式，在广东东莞市对一些新生代农民工进行了访谈，试图从语言认同的视角来揭示新生代农民工是如何运用语言来适应城市生活，学习地域文化并实现自我主体性的建构，从而深化对于农民工身份认同这一问题的理解，并且对社会结构变迁与群体命运的关系加以剖析。很明显，这仍是一篇社会学研究，其目的是解决社会学的某些问题，而不是探讨语言与社会之间的互动关系。其实，从2004年起，社会语言学家们便展开了对农民工群体的调查和研究，他们在话语分析、语言使用、语言态度、语言学习等方面都取得了不俗的成绩。但直至2012年，社会语言学界才开始出现关于新生代农民工的专项调查与研究。2015年3月29

---

① 根据《中华人民共和国劳动法》第二章第十五条之规定：禁止用人单位招用未满十六周岁的未成年人。

日，我们通过中国知网进行搜索，仅找到两篇相关论文：一篇为高小焱（2014）的《城市化对新生代农民工的语言交际与学习的影响及对策》，一篇为黎红（2015）的《从被动到自觉：新生代农民工的语言环境与同化路径研究》。这两篇论文对于我们了解新生代农民工的语言状况无疑具有一定的帮助，但它们，包括上一篇陈晨的，只着眼于新生代农民工在城市的语言状况，对于他们在农村老家的语言状况却只字未提，因此并不能帮助我们完整地了解新生代农民工的语言状况；而且也没有把新生代农民工纳入整个农民工群体中来研究，或者说，没有将新生代农民工与老一代农民工进行对比，因此难以看到新生代农民工的语言状况与老一代农民工相比所应具有的不同，以及整个农民工群体语言状况的发展趋势。当然，与新生代农民工规模的日益壮大相比，仅有的这几篇研究无疑单薄了点。任何研究若要保持活力与创新，就应该能够敏锐地感觉到研究对象的新变化并及时调整研究重心。很显然，在新生代农民工研究方面，中国社会语言学无疑是滞后的，甚至是缺位的。因此，中国社会语言学有必要补足并增强对新生代农民工的调查和研究，从而与农民工本身的实际形势相适应，这便是本课题研究的初衷。

那么，该从何视角来探讨新生代农民工呢？这就要对我国的农民工研究有一个大概的了解。长期以来，我国学术界对农民工的研究，主要从社会分层与流动、社会冲突与失范、人的现代化与农村现代化、社会网络以及国家与社会关系等方面来展开（王毅杰、王微，2004）。"这些研究视角探讨的核心是农民工的城市适应与融入问题。随着农民工研究的开展，以及这一群体不断的分化，研究视角从以往制度、经济社会层面较为宏观的研究逐步转移到更深入、细致的心理层面。'社会认同'开始成为学界研究农民工，尤其是新生代农民工的焦点之一。"（刘玉侠、尚晓霞，2012）社会认同，即 social identity，这是社会认同理论的核心概念。该理论最早是社会心理学家亨利·泰弗尔（Henri Tajfel）和约翰·特勒（John C. Turner）于 20 世纪七八十年代开始创立的，主要用来解释群际行为。按泰弗尔（1972）的观点，社会认同是自我认知的一部分，是个体知晓自己属于哪些群体以及所属群体赋予自己怎样的情感与价值意义。说白了，就是一个人知道自己的社会身份或扮演怎样的社会角色。自产生以来，该理论和概念就被社会心理学及其他学科的学者所应用并获得了极大的发展。90年代初，关于中国农民工的社会认同研究逐渐兴起。既有针对整个农民工群体的社会认同研究，如彭远春（2007），蔡禾、曹志刚（2009），郭星华（2011）等；亦有专门针对新生代农民工的，如王春光（2001），许传新（2007a），郭科、陈倩（2010），曹彦鹏（2012）等。诚如有学者所总结的："在城乡二元体制和二元社会的限制下，农民工在我国当前的社会结构中仍然属于农民阶层，然而随着农民工居留城市的长期化和家庭化特征日益显著，他们对自身农民工身份的心理认同逐渐降低，这种制度安排、社会结构与心理归属的矛盾性使这一群体的社会认同成为学界的争议性论题。"（汪新建，2014）

按社会认同理论，社会认同会影响一个人所要采取的行为以及他与其他群体的成员进行交流的方式（Deaux, K., 2001）。因此，社会认同理论也常常被社会语言学家们用来解释人类的语言行为，并形成这样的认识："人们可以通过语言实现个人认同和对社会角色的追求。"（Hazen Kirk, 2002）例如，拉波夫（Labov, 1963）在美国玛萨葡萄园岛（the island of Martha's Vineyard）调查时发现，岛上的年轻人有着强烈的岛民意识，他们并不认同大陆，因此在语言的使用上仍坚持岛上当地的语音特色，而不是朝着标准英语的方向发展。盖尔（Gal, 1978）在奥地利一个村庄调查时发现，随着该村由农业经济向工业经济的转变，村民的语言使用出现了由匈牙利语向德语的转变，因为在当地，前者是农民的象征，后者则是新兴社会阶层——工人的标志。可见，语言使用亦可体现说话人的社会认同并受其影响。然而，社会语言学的这类研究以及由此得出的结论都是针对社会认同较为明确的群体的，对于社会认同较为模糊的群体，例如中国农民工，尤其是成为主体的新生代农民工还缺乏相应的调查与研究，许多问题尚需做进一步的说明。例如，农民工可能模糊的社会认同究竟如何影响他们的语言使用？是否存在这样一些可能：农民工越是认同城市就越有可能使用普通话，越是认同农村就越有可能使用老家话（即老家的汉语方言）？新生代农民工是否比老一代更加认同城市，并因此更有可能使用普通话？或者，老一代农民工比新生代更加认同农村，并因此更有可能使用老家话？诸如此类的问题，都由于中国社会语言学对新生代农民工研究的缺位而没有答案，甚至没有作答，本课题的目的就是要围绕此类问题做些探索以试图改变这一局面。

第二节 研究意义

本课题旨在探究我国新生代农民工的语言使用与社会认同之间的关系，其价值和意义主要体现在以下几个方面。

第一，拓展新生代农民工的研究视角，为我国最终解决农民工问题提供必要的数据和建议。"正确认识和高度重视解决农民工问题，是建设中国特色社会主义事业中一个重大的历史性课题。"（魏礼群，2006）然而，要成功解决任何一个社会群体问题，首先要做的就是尽可能地熟悉他，这是探寻一切解决之道的前提和基础。解决农民工问题的重中之重当然也是先要熟悉这一群体，了解这一群体是如何形成的，又是如何运行的，未来又将朝哪个方向发展，该群体和其他群体之间的关系，以及该群体对整个社会发展的影响，如此等等都是我们所要熟悉的内容。之前，我们更多的是从社会学、经济学、管理学等视角来熟悉这一群体，来提供上述内容，关注的焦点主要是农民工群体的社会行为、社会心理等，一定程度上忽略了对农民工语言的调查和研究。例如，中国社会学对农民工的关注与该群体的形成、发展几近同步，但直到2004年，我们才有关于农民工语言的专门调查和研究，对于新生代农民工甚至完全缺位。但是，任何一个事物都是立体的，任何一个视角所看到的往往只是局部或某一方面，所谓"横看成岭侧成峰，远近高低各不同"说的就是这个道理。对于农民工群体，尤其是其主体——新生代农民工，我们不应该在学科上设限，而是应该让尽可能多的学科参与进来。多一个学科，就是多一个视角，就可以帮助我们看到其他学科看不到的东西。因此，要熟悉并最终解决农民工群体尤其是其主体——新生代农民工的问题，就不能不需要语言学的参与。更何况，语言也是人类诸多社会活动的重要组成部分，语言一方面与其他社会活动紧密地联系在一起，同时也会对其产生这样或那样的影响。例如，新生代农民工在融入城市的过程中，其社会认同或许也会经历一个由农村到城市的转变过程，而在此过程中，新生代农民工的语言使用是否也会有相应的转变；

不同的语言,尤其是普通话、方言究竟如何体现或影响着新生代农民工的社会认同,它们在新生代农民工的城市融入中又分别扮演着怎样的角色。针对此类问题所做的调查和研究,可以帮助我们获得关于新生代农民工的第一手数据,这实际上也是提供了另外一种关于新生代农民工的影像,它将与其他学科获得的农民工影像一起,增强我们对整个农民工群体全面而深入的了解,从而能够为最终解决农民工问题贡献一分力量。

第二,弥补社会语言学关于我国农民工语言研究的不足。从公开发表的文献看,国外迄今还没有关于我国农民工语言的专项研究,而国内的农民工语言研究则约始于2004年,按其研究目的主要可分为三类:其一是问题研究,主要针对农民工的语言状况(包括语言使用、语言水平、语言学习、语言态度等)进行描写并对其可能引发的社会问题提供对策和建议,如夏历(2007a;2010)、高莉琴等(2008)、谢俊英(2011)等;其二是解释研究,试图对农民工的语言行为进行理论上的解读,如刘玉屏(2008;2010a)、王玲(2010)等;其三是理论研究,主要对农民工的语言状况进行理论上的提炼,试图在社会语言学理论上有所建树,如夏历(2007b)、张璟玮等(2008)、付义荣(2010)等。这些研究对于我们了解农民工语言使用的状况、机制并发掘其潜在的理论价值无疑是大有裨益的,但他们几乎毫无例外地都将农民工视为一个静态而同质的整体来进行调查和研究,没有意识到农民工群体内部的代际分化,即新生代农民工已成为农民工主体的事实。例如,在众多的农民工语言研究中,我们仅找到4篇涉及新生代农民工的,其中一篇,即曾晓洁(2011)的《新生代农民工的母语能力缺失与补偿》,只是一次基于他人关于农民工语言所做的调查而做的二手分析,文中并没有关于新生代农民工的任何数据,可以说是一篇名不副实的文章;其他三篇前文刚刚做了介绍(见本书第一章第一节),在此不赘述。因此,本课题针对新生代农民工语言使用与社会认同所做的调查和研究将会对当前农民工语言研究进行一次很好的补充和增强,其顺利完成将会促进农民工语言研究更加完整和深入。

第三,揭示新生代农民工乃至整个农民工群体的语言使用规律,为构建我国更加和谐的语言生活献计献策。本课题大体属于社会语言学的研究范畴，社会语言学不仅研究社会环境中人们正在使用的语言，也会联系社会环境来解释人们对语言的使用，从而揭示人们语言使用的规律。在本课题中，我们将对新生代农民工的语言使用进行深入的调查和详尽的描写、记录，并努力从社会认同的视角来加以解释，以此来了解新生代农民工语言使用的"怎么样"和"为什么"，从而揭示新生代农民工的语言使用规律。新生代农民工不仅是农民工今天的主体，同时也是农民工的未来，我们对新生代农民工语言使用规律的探讨，一定程度上也是为了揭示整个农民工群体的语言使用规律。这样的工作很有必要，因为中国农民工是一个规模庞大的移民群体，其语言使用状况必然会影响到我国语言形势的发展，如"普通话的推广"、"汉语方言的保持和变化"等。正因为如此重要，中国语言生活绿皮书——《中国语言生活状况报告（2006）》中就有关于"农民工语言状况"的专题，对农民工的语言能力、语言学习和语言习得进行了较为详细的说明，并对其可能存在的诸多问题提供了相应的建议（"中国语言生活状况报告"课题组，2007：109—120）。本课题亦有志于此，只有当我们弄清了新生代农民工的语言使用状况和规律，我们才能发现其可能存在的关题，才能提供更加合理、科学的解决办法，从而为构建我国和谐的语言生活尽一份力。

第四，证实或证伪社会认同理论，促进社会语言学理论水平的提高。著名社会语言学家米尔罗伊夫妇（L. Milroy & J. Milroy，1995）认为："中国可以说是社会语言学者的'伊甸园'，各种语料应有尽有。中国的社会语言学研究不仅可以为现有的理论模式提供更新、更有趣的佐证，而且还可能对现有的理论模式提出挑战。"著名社会学家郑永年则认为，"中国的大转型可说是一个迥异于西方世界的绝好实验室，提炼自西方现代化过程的很多理论框架和范畴都可在此接受检验，或被证伪，或得到扩展充实。任何一项社会科学理论如果不能有效解释中国转型现象，那么其说服力就成为问题"（苏黛瑞，2009）。很显然，将西方的理论和中国的事实联系在一起进行研究是多么重要：若证实，就可为该理论提供更新、更有趣的佐证；若证伪，则可意识到该理论存在的不足，并对其进行相应的修改直至完善。结果无论为何，都将会促进理论的完善。中国新生代农民工的语言正是社会语言学"伊甸园"里的一朵鲜花,我们将其和社会认同联系在一起进行研究,实际上也是对社会认同理论的一次检验。前文已叙,社会认同理论来自西方,在社会语言学领域常被用以解释人们的语言使用,如拉波夫(2001a)在玛萨葡萄园岛、纽约市,司珂腾(Myers-Scotton,1993)在非洲的研究等,但迄今还没有将社会认同理论运用于新生代农民工的语言研究中,他们的语言使用与社会认同关系究竟如何?现有的社会语言学理论能否解释这一群体?对诸如此类的问题加以回答,必然会对现有的社会认同理论有所证实或证伪,从而促进社会语言学理论水平的提高。更何况,这样的工作也是中国社会语言学理论研究的当务之需。我国于80年代开始引进社会语言学,经约30年的发展,中国社会语言学虽然进步不小,但也存在诸多不足,其中最明显的要算"理论上的薄弱",这几乎成了中国社会语言学界的共识(沈家煊,1999;陈章太,2002;赵蓉晖,2005;徐大明,2006b)。中国社会语言学要改变这一局面,最好的办法就是充分利用好自己的"伊甸园",从中发现有趣的东西,在证实或证伪已有理论的点点滴滴中,直至建构自己的理论体系,本课题正是这样一份点滴之劳。

总之,本课题的意义无非是多一个视角来熟悉中国新生代农民工,为我国最终解决农民工问题尽一份力,同时也在这一熟悉的过程中,期待对现有的社会语言学理论有所贡献。

第三节 结构安排

本书共分七章,大致如下:

第一章,即本章——"导言",其内容主要是回答"为什么要研究本课题"的问题。在该章,我们基于农民工群体形势的变化以及农民工研究的现状提出了本课题研究的必要性,阐述了本课题的研究价值和意义,并对本课题所要研究的内容进行结构上的安排。

第二章的内容主要是回答"社会认同理论是什么"的问题。在该章,我们将简要介绍社会认同理论的产生与发展,主要的概念和观点,以及该理论在社会语言学领域、我国农民工研究中的运用情况。

第三章的内容主要是回答"怎么研究本课题"的问题。该章将对整个研究设计进行详细的说明，具体包括本课题研究的主要思路，所要测量的主要变量，所要采取的调查及抽样方法，样本基本情况分析，主要的统计软件及方法。

第四章的主要内容主要是回答"新生代农民工的语言使用情况如何"的问题。该章将对新生代农民工的语言使用情况进行描写和概括，主要包括他们的语言能力及水平如何，在城市与农村对普通话、汉语方言及其他语言的运用情况及其具有怎样的规律；和老一代农民工相比较，新生代农民工的语言使用又有着怎样的同或异。

第五章的主要内容主要是回答"新生代农民工的社会认同情况如何"的问题。该章将对新生代农民的社会认同情况进行描写和概括，主要包括他们分别对城市和农村的社会认同情况，对家乡和异地的社会认同情况；和老一代农民工相比较，新生代农民工的社会认同有着怎样的同或异。

第六章的主要内容主要是回答"新生代农民工的语言使用与社会认同有什么关系"的问题。该章将对新生代农民工的语言使用与社会认同进行统计学意义上的相关分析，借此了解新生代农民工的语言使用与社会认同有没有关系，有什么关系；与老一代农民工相比较，这样的关系有着怎样的同或异，为什么。

第七章，即最后一章——"结语"部分的内容则是对本课题研究的最后总结：一方面对本课题形成的结论进行提炼和梳理，说明研究的主要贡献；另一方面指出本次研究存在的不足，提醒同类研究今后所要避免或重视的问题。

第二章 社会认同理论

社会认同是个体自我概念（self-concept）[1]的一部分。20世纪七八十年代，两位著名的社会心理学家——英国的亨利·泰弗尔和他的学生——澳大利亚的约翰·特勒开始引入这一概念以解释群际行为（intergroup behaviour）[2]。由于他们的开创性工作，社会认同理论逐渐流行起来，不仅在心理学领域，而且也在社会学、社会语言学等得到广泛的应用并产生重要的影响。尽管社会认同理论自产生以来，学术界对其褒贬不一，其思想内涵也仍处在发展之中，但无论是支持者还是反对者，都将该理论视为一个探讨个体与群体之间关系的理论，具体来说，就是研究并回答个体为什么会认同某个群体并作为其一员来行动的理论。

第一节 社会认同理论的演变

一 社会认同理论产生的历史背景

虽然第一篇介绍社会认同理论的文章发表于1972年，即泰弗尔的《社会类型化》（*Social Categorization*），但与之相关的传统却可追溯到早前心理学领域关于个体、集体或群体这两种不同研究视角的争论，即发

---

[1] 自我概念是个人关于自己的观念体系。包括认知成分（对自己的品质、能力、外表、社会意义等的认识）、情感成分（自尊、自爱、自卑等）、评价意志成分（自我评价等）。既是社会交往的前提，也是社会交往的结果，是由社会经验决定的。可分为现实的我（即对当前自己的看法）、理想的我（即自认为应当成为的人）、动力的我（即自己努力成为的人）、幻想的我（即如果可能希望成为的人）。（邓伟志，2009：488）

[2] 群际行为是指人们对另一社会群体的成员所采取的行为方式，例如，劳资争议中的谈判者，不同队伍的支持者，不同种族或民族国家的成员，组织中不同层级的代表等。（迈克尔·豪格和多米尼克·阿布拉莫斯，2011：40）

生于实验心理学与社会心理学之间的争论。在这场争论中,一方持有的立场是:群体仅仅是一些个体的集合,在这个集合当中,个体以惯常的方式进行人际行为,与个体行为的不同之处只在于,现在是在众多人当中进行人际互动;而与之相反的意见则主张,群体代表了一种性质上与人际互动模式完全不同的互动和思维模式(迈克尔·豪格和多米尼克·阿布拉莫斯,2011:9)。

"将群体分解为组成群体的个体,这样一来,与个体概念相比,'群体'概念就不再具有任何独立的概念地位,社会心理学自然也就不再研究社会群体,它仅仅关注个体间的互动。"(迈克尔·豪格和多米尼克·阿布拉莫斯,2011:15)实验心理学的奠基人——威尔海姆·马克希米廉·冯特(Wilhelm Maximilian Wundt)[①]就是这一观点的信仰者和执行者,他认为实验心理学和社会心理学是两个截然不同的存在,而后者是对某个集体的精神产物进行研究,因此难以理解它是基于个体意识而进行的研究,除非涉及很多个体间的互动。他还认为,社会心理学涉及集体现象,如语言、信仰、习俗、神话故事等,而这些都是个体心理学所不能解释的。所以,在冯特看来实验心理学就是个体心理学(Hogg & Williams, 2000)。

冯特的思想得到了现代社会学奠基人之一的埃米尔·杜尔克姆(Émile Durkheim)[②]的支持,并对其19世纪80年代中期关于集体现象的研究产生了深刻影响。冯特认为,集体意识(collective consciousness)[③]是社会团结的精神基础,但不能根据个体心理来理解集体意识以及其他集体现象。他相信,关于公共知识(public knowledge)和集体

[①] 威尔海姆·马克希米廉·冯特(1832—1920),德国人,著名的生理学家、哲学家,现代心理学的奠基人之一,也是以"心理学家"(psychologist)自称的第一人。1879年,冯特在莱比锡大学(University of Leipzig)建立了第一个用于心理学研究的实验室,这标志着心理学作为一个独立研究领域的开始,冯特也因而被学术界尊为"实验心理学之父"。

[②] 埃米尔·杜尔克姆(1857—1912),法国人,著名的社会学家、社会心理学家和哲学家。他毕生关心与探索的研究领域是社会的整合,也即秩序问题。他与卡尔·马克思(Karl Marx)和马克斯·韦伯(Max Weber)一起被奉为"社会学之父"。

[③] 集体意识最早是由德国人冯特提出的,是指同一社会普通公民共有的信仰和情操的总和。(邓伟志,2009:58)

表征（collective representations）①的研究属于社会学这一新的研究范畴，而关于私人信仰和个体表征（individual representations）的研究则仍处于心理学的研究范畴之内。杜尔克姆将集体排除在心理学研究之外，并将其归到社会学研究范畴，从而将心理学、社会学视为两个独立的学科。有人认为，早期的这种区分促成了两个不同类型的心理学：一个是作为心理学的分支，另一个则是作为社会学的分支（Hogg & Williams, 2000）。

20 世纪 20 年代的欧洲，心理学领域开始不同程度地出现了集体主义的倾向。1921 年，威廉·麦克道格尔（William McDougall）②就对将个体与集体决然割裂的做法提出了批评，在其专著《群体心智》（*The Group Mind*）中提出了一个非常有影响的观点，即群体心智是个体之间多次互动的结果。麦克道格尔（McDougall, 1921：63）认为，群体行为是真实存在的，它独立于并且在性质上有别于个体成员的心智；作为群体心智之一的群体精神，就是在所有群体成员的心智中发展起来的、时刻准备为群体奉献的思想情感；它不仅是将群体成员凝聚在一起的联结纽带，甚至也直接导致了这一纽带的产生。在此，麦克道格尔提出了个体与群体之间的某种关联。不过，与冯特和杜尔克姆一样，他也认为通过研究个体心理是不可能研究人类互动的。麦克道格尔关于群体心智的观点受到了很多批评，有些人将他的"群体心智"概念视为心理学之外的自由漂浮的东西，也就是说，既非心理学，也非社会学。但即便如此，麦克道格尔却让人们意识到了个体与集体之间应该是存在某种关联的，并因此启发其他学者去讨论、研究这一话题，而不只是做简单的割裂。

稍晚的美国心理学家福劳德·亨利·奥尔波特（Floyd Henry All-

---

① 表征，又称心理表征或知识表征，指信息或知识在心理活动中的表现和记载的方式。表征是外部事物在心理活动中的内部再现，因此，它一方面反映客观事物，代表客观事物，另一方面又是心理活动进一步加工的对象。

② 威廉·麦克道格尔（1871—1938），英国人，后迁居美国，20 世纪早期著名的心理学家，在研究本能以及英语世界的社会心理方面颇有建树。

port)① 就主张，心理现象出现在个体心智当中，因而"没有一种群体心理学本质和整体意义上不是个体心理学，社会心理学是个体心理学的一部分"（1924：4）；"要想回答群体的心智结构存在于哪里这个问题，我们必须涉及……个体。每个个体从其他个体具体的语言和行为那里习得这种心智结构。……如果某个群体中的所有个体在同一时间全部消亡，那么所谓的'群体心智'也将会被永远抛弃"（1924：9）。"正是受到奥尔波特观点的推动，一种居于主导地位的有关个体与群体关系的社会心理学视角出现了。"（迈克尔·豪格和多米尼克·阿布拉莫斯，2011：15）至20世纪20年代晚期，集体主义视角开始显现于主流心理学，间或还有一些尝试对居于统治地位的个体主义路径（individualist approach）提出挑战。如乔治·赫伯特·米德（George Herbert Mead）的符合互动论②，塔尔科特·帕森斯（Talcott Parsons）的功能论③等，都强调社会之于个体心理、行为的影响和作用。

时至1960年代，针对实验心理学的个体主义路径，终于出现一次大规模的挑战，该挑战主要来自20世纪60年代末至70年代初工作于欧洲的一批社会心理学家（如Israel & Tajfel，1972；Moscovici，1972；Billig，1976；Doise，1978；Taylor & Brown；1979；Tajfel；1981）。这些人不仅自己撰文立说对实验心理学中的个体主义路径提出批评，而且还创办了《社会心理学欧洲期刊》（European Journal of Social Psychology），成立了欧洲社会心理学会，方便在一起交流他们的观点。这一系列行动的主要目的就是建构社会心理学，让其能够处理个人与社会之间的互动关系，同时又避免它的社会化和个人化，也就是说，欧洲社会心理学家的目的就是要探求人类行为的社会维度（迈克尔·豪格和多米

---

① 福劳德·亨利·奥尔波特（1890—1978），美国心理学家，实验心理学的创始人之一。他十分重视实验室研究在心理学领域的运用，这对美国心理学研究产生了较为深远的影响。

② 乔治·赫伯特·米德（1863—1931），美国著名心理学家、社会学家、哲学家。米德的符号互动论，其最基本的假定是：心知、自我和社会是通过互动产生并开展起来的。他认为，人的意识与思维是在相互关系、相互依赖的行动过程中产生的，人们对外部世界的认识与适应是通过人际沟通过程实现的。（参见宋林飞，1997：259—267）

③ 塔尔科特·帕森斯（1902—1979），美国社会学家。他对当代社会学最大的贡献就是建立了一套完整的功能学理论。该理论形成于20世纪三四十年代，鼎盛于60年代，至今仍是西方社会学方法论的主流。（参见宋林飞，1997：83—109）

尼克·阿布拉莫斯，2011：17）。

正是在这样的背景下，社会认同理论作为社会心理学领域抨击个体主义的先锋逐渐形成并发展起来。就像澳大利亚社会心理学家约翰·特勒（John C. Turner）所总结的："从欧洲社会心理学强调社会心理学的'社会维度'，拒斥个体主义倾向开始，就暗示了社会认同论出现的可能，因而社会认同是欧洲社会心理学理智发展的一部分。"[①] 或者说，社会认同论就是在研究自我与社会群体的社会心理学领域，由个体主义更多地转向集体主义的一次尝试（Hogg & Williams，2000）。

二　社会认同理论的建立与发展

美国著名科学哲学家托马斯·库恩（Thomas S. Kuhn）在其《科学革命的结构》（*The Structure of Scientivie Revolution*）一书中论及科学发展的进程时，如此说道："科学发展中的几个重大转折点，这些转折点是与哥白尼、牛顿、拉瓦锡、爱因斯坦的名字联系在一起的。"（托马斯·库恩，2003：5）这虽然主要是针对物理学而言的，但也适用于其他学科，即某一学科在由一个阶段向另一个阶段转变的过程中，往往都会有一些关键性的人物，正因为他们的非凡工作才推动并实现了这一转变。例如语言学领域，在历史比较语言学向结构主义发展的端口，便有索绪尔（F. de Saussure）；在结构主义向生成语言学发展的端口，便有乔姆斯基（N. Chomsky）。而在心理学领域，在由个体主义向集体主义发展的端口，便是我们所要说的社会认同理论的奠基人——亨利·泰弗尔（Henri Tajfel）。

泰弗尔（1919—1982），曾用名赫尔兹·默多克（Hersz Mordche），是世界著名的社会心理学家，其最为人熟知的成就便是他关于偏见的认知面、社会认同理论所做的前驱性研究，而且他也是欧洲实验社会心理学协会（European Association of Experiment Social Psychology）的建立者之一。泰弗尔对心理学的兴趣以及取得的成就，与其早年经历不无关

[①] 约翰·特勒，英国布里斯托大学荣誉教授，著名社会心理学家。这段话引自他为其学生迈克尔·豪格等人所著的《社会认同过程》（迈克尔·豪格和多米尼克·阿布拉莫斯，2011）所写的前言。后文还会有所引述，为节省篇幅，我们不再特别注解，而以"《社会认同过程·前言》"代之。

系。泰弗尔生长于波兰，是一名犹太人。因为波兰禁止犹太人接受教育，泰弗尔来到法国学习化学。"二战"爆发后，他自愿参加了法国军队，但一年后就被德国人俘虏，直至"二战"结束他才被盟军从战俘营中解救出来。然而，出来后的泰弗尔发现他的家人、很多亲属都死于纳粹屠杀。泰弗尔之后曾回忆，这场屠杀带给他很大的触动，并促使他之后从事偏见和群际关系方面的心理学研究。1946年，泰弗尔获得法国公民资格，但他不久便去了英国，在那里建立了家庭，并获得了英国公民资格。1951年，泰弗尔在伦敦大学的伯贝克学院（Berkbeck College）学习心理学，1954年毕业后先后在杜伦大学（Durham University）和牛津大学（Oxford University）做了一名讲师。在牛津期间，泰弗尔对心理学进行了广泛的涉猎，包括社会判断（social judgement）、民族主义（nationalism）和偏见的认知面。1967年，泰弗尔成为布里斯托大学（Bristol University）的社会心理学教授。正是在那儿，他组织了一系列群际关系研究，并使布里斯托大学成为欧洲社会心理学的一个中心。从布里斯托退休后，泰弗尔又回到牛津，但不久就病逝了。

泰弗尔并不是在学术生涯的开始就想到社会认同概念并建立相应的理论，他实际上是在关于社会判断（尤其是偏见）、群际关系等的研究基础上才提出该理论的。在杜伦大学和牛津大学期间，泰弗尔研究的主要是社会判断的过程。他相信类型化（categorization）[①]的认知过程对于偏见心理的形成具有重要的作用，这一观点与当时流行的个体主义思想无疑是相悖的。当时很多心理学家，如西奥多·阿多诺（Theodor W. Adorno）[②]等人就认为，极端偏见是个性因素，如权利主义（authoritarianism）的产物，因此只有那些具有偏见倾向个性的人才有可能成为偏执者（Adorno，1950：990）。泰弗尔认为这是错误的，他亲眼见证过人批德国人——他们并不具有某些特别的个性——曾经支持纳粹主义并极端地看待犹太人。如果没有这些"普通"（ordinary）德国人的支持，纳粹当初是不可能成功的。正因为如此，泰弗尔努力探寻偏见之源或许

[①] 类型化（categorization），国内也有人将此译为范畴化，是指个体将自己归入某种（些）社会类型，或将他人当作哪种（些）社会类型来看待的过程。

[②] 西奥多·阿多诺（1903—1969），德国哲学家、社会学家，法兰克福学派批判理论的主要代表人物。

就在"普通"的思维中,而不在"超常"(extraordinary)的某类个性中。

50年代后期,泰弗尔做了一系列实验来研究类型化的作用,其中最为著名的一个实验就是观察人们如何判断线条的长度。他发现,分类会直接影响人的判断。如果将长短不一的线条没有分门别类就分派给不同的个体,那么判断的错误就是随机的。如果将较长的那些线条标上A,较短的标上B,那判断的错误就遵循一定的模式。接受实验的被试会明显认为同一类型的线条会比其实际情况更为相似,不同类型的线条会比其实际情况具有更大的差异,如B类中最长的线条和A类中最短的线条,其真实差距并不比这两个线条与同组其他线条之间的大(参见Tajfel,1981)。此类实验让泰弗尔得出这样一个结论:"对各种刺激的类型化产生了某种感觉上的增强效应,即在类型化所依据的维度上,同一类型刺激之间的相似性和不同类型刺激之间的差异性得到了增强。"(Hogg & Williams,2000)泰弗尔进而将这一结论由实验室推演至整个人类社会。他认为,对线条进行的分类就好像将人类社会分成不同的类型(如法国人、德国人和英国人),对线条的判断犹如对各类社会群体所持有的刻板成见(Tajfel,1957)。泰弗尔的发现影响深远,它证实了偏见的根源并不在于某些特殊的个性,而在于人们司空见惯的普通思维,也就是说,社会中的任何一个人都有可能是偏执者。

来到布里斯托大学后,泰弗尔开始研究群际关系并进行了一系列著名的最简群体(minimal groups)[①]实验。在这些实验中,泰弗尔常常根据一些微不足道的,甚至完全无关紧要的东西,如通过抛硬币的方式,将实验对象进行分组。参与者彼此互不认识,更没有社会互动。但即便如此,被试往往会将更多的绩点(即钱或其他代表"支持"的东西)分配给内群成员(member of ingroup)(即自身所属群体的那些成员),他们会尽量将内群利益最大化(Tajfel,1970)。在最简群体研究中,个体依照实验人员提供的社会类型来类型化自己(即将自己归类),(对

---

① 所谓最简群体,是指这样一些群体,他们彼此之间没有利益冲突或预先存在的敌意,参与实验的被试彼此也没有社会互动发生,在个人经济利益与内群偏好策略之间也没有任何关联。由于这些群体纯粹是认知上的,因而被泰弗尔称为"最简群体"。(Tajfel & Turner,1979:38—39)

于自己和他人的)这种类型化过程会增强群际差异,而差异的增强是以偏好内群[一般会伴随着对外群(outgroup)的歧视]为前提的,而个体正是在这样的类型化过程中获得他们的认同(迈克尔·豪格和多米尼克·阿布拉莫斯,2011：64)。

在上述研究及其发现的基础上,泰弗尔于1972年引进"社会认同"这一术语,并于1978年左右最终将该术语确定下来,而不再使用别的术语(泰弗尔一开始时很少使用"社会认同",但后来用得多了)(参见《社会认同过程·前言》)。泰弗尔将"社会认同"界定为个体自我形象的一部分,它源于"个体所具有的这些知识,即自己属于哪些群体,而这些群体成员资格之于自己又具有怎样的情感和价值"(Tajfel, 1972)。而社会认同理论则在70年代初已具雏形。泰弗尔认为,他的社会认同理论主要"基于这样一个简单的动机假设,即个体更愿意选择积极的而非消极的自我形象"(Tajfel, 1981)。1971年,特勒来到布里斯托大学,作为泰弗尔的研究助手,他开始运用这一假设对社会类型化的影响和群际歧视的形式提出系统化的解释,或者说,开始展开一系列实际的研究来证实这一假设(参见《社会认同过程·前言》)。

自产生以来,社会认同理论便处于持续而快速的发展之中。相较产生之初,如今的社会认同理论已得到了极大的丰富和充实。按特勒的说法,现在的社会认同理论大致有两种:一是最早的群际理论,它致力于分析群体冲突和社会变迁,关注个体如何维持或提升内群相对于外群的积极特异性,以便获得积极的社会认同;二是之后逐渐发展起来的社会类型化理论,它是一种关于群体过程的更加具有普遍性的理论,其主要观点是:共享的社会认同对于个体的自我感知、行为具有去个人化的作用。这两种理论虽互有侧重,但都互有关联并具有共同的基本假设:个体以他们的社会群体资格来定义自身,依群体而界定的自我感知会对社会行为产生独特的心理影响(参见《社会认同过程·前言》)。

不只如此,社会认同理论也早已跨出心理学范畴,被社会学、人类学、经济学、社会语言学等领域所沿用。恰如特勒所言:"这一理论令人惊奇,因为它对于许多问题、在诸多领域都有着广泛的适用性。"(引自《社会认同过程·前言》)本课题就是一次关于社会认同理论的社会语言学研究,旨在运用社会认同理论的有关主张、方法来理解中国新生代农民工的语言使用行为。

第二节　社会认同理论的基本内容

前面我们大致介绍了社会认同理论的产生与发展，下面将从社会认同理论中的一些基本概念入手，来了解这一理论的基本内容。

一　"社会认同"概念及其阐释

概念之于理论的重要性不言而喻。概念是理论的构成要素，甚至是建构理论的基本单位，理论往往借助概念来解释所观察到的现象（艾尔·巴比，2009：44—45）。社会认同理论也有自己的一套概念，下面我们将择其要者，尤其和本课题有关者进行说明。

要了解"社会认同"这一概念，就不能不说一说其中的"认同"概念。"认同"译自英文 identity，该词源于拉丁文 idem，意即"同样的"，它从 16 世纪才用于英文中（方文，2008）。在哲学与逻辑学中，identity 则被译为"同一性"，表示两者之间的相同或同一，也表示同一事物在时空跨度中所体现出来的一致性和连贯性（吴玉军、宁克平，2007）。但在心理学中，该词则被译为"认同"，指的是个体潜意识地向某一对象模仿的过程（林崇德等，2003：1011）。国内有时也将 identity 译作"身份"，但这时只能当名词使用，而"认同"既可用作名词，也可用作动词（徐大明，2010：176）。这是一个被广泛使用的术语，其为人所熟知还得归功于埃里克·洪堡特·埃里克森（Erik Homburger Erikson）[①]，他在阐释他的心理发展阶段模型时引进了"认同危机"（identity crisis）这一术语（郭星华等，2011：139）。20 世纪 60 年代开

[①] 埃里克·洪堡格·埃里克森（1902—1994），德裔美国人，著名的发展心理学家和精神分析学家，以提出心理发展阶段模型（stage model of psychological development）著称。该模型将人之一生分为八个阶段，每个阶段都有其特殊的矛盾，只有成功解决这些矛盾才会进入下一阶段，否则就会在未来造成问题，并影响人格健康的发展。这 8 个阶段分别是：婴儿期（0—1 岁，信任对不信任）、童年早期（1—3 岁，自主对羞愧）、学龄前（3—6 岁，目的—主动对罪恶感）、上学初（6—11 岁，能力—勤奋对自卑）、青春期（12—18 岁，忠诚—认同对角色混乱）、成年初期（18—35 岁，亲密对孤僻）、成年二期（35—64 岁，志得意满对萧疏荒废）、晚年（65 岁及之后，自我健全对绝望）。（参见 Erikson，1959：61）

始，西方学者将其应用于社会学、政治学、哲学、文学、人类学、民族学等诸多领域，"认同"在不同的学者那里有着不同的含义，迄今也无统一的定义（沈晖，2008：46；郭星华等，2011：139—141）。

美国社会心理学家希伯特·凯尔曼（Herbert C. Kelmen，1961）在描述态度变化的过程时，认为"认同"是个体因为想要同另一个人或群体建立或维系一种令人满意的关系而接受其影响时所产生的行为。另一位美国心理学家埃利奥特·阿伦森（Elliot Aronson）认为，认同是个体受到某种社会影响时而产生的一种反应，它源于个体希望自己成为影响施加者一样的人（沈晖，2008：47）。法国政治学院教授阿尔弗雷德·格罗塞（Alfred Grosser，2010：7—9）则认为"认同"是我属性的总和，而"属性"就是"个体属于一个群体（种族、国家、阶级、政党……）的事实"。简而言之，就是个体对于"我是谁？"，"我属于哪个（些）群体？"这类问题的扪心自问。"认同"在我国学术界也没有统一的定义。在由我国学者主导编写的《社会心理学词典》（费穗宇，1988）、《心理学大词典》（朱智贤，1998）、《简明心理百科全书》（荆其诚，1991）等诸多工具书中，关于"认同"的解释也各有其异。不过，有学者在对国内外诸多"认同"定义进行比较、分析后发现，虽然有如此多的"认同"定义，但这一概念仍然具有一些共同的内核：（1）认同是人们对自身角色以及与他人关系的一种定位；（2）认同不是自发产生的，而是在复杂的社会互动过程中通过自我观照和规范的学习而形成的；（3）认同不是固定不变的，而是处在一个不断变化的动态过程中（沈晖，2008：49—50）。

至此我们可以看出，认同既有个体主义层面的，也有集体主义层面的，但我们所要说的"社会认同"则属于后者，它不是根据个体与其他个体之间的关系而是根据个体与某些群体之间的关系而对个体进行的一种定位。这就是我们一开始提到的泰弗尔定义：社会认同是自我认知的一部分，是个体知晓自己属于哪些群体以及所属群体赋予自己怎样的情感与价值意义（Tajfel，1972）。不过，纽约大学教授杜尔琦（Deaux, K.，2001）进一步指出，虽然一个人往往属于很多不同的群体，但只有其中一部分群体成员资格才是有意义的；而且和他人共同的社会认同不一定意味着你要认识所在群体的每一个成员或与他们有互动。这就意味着，对于一个老年佛教徒来说，"佛教徒"或许比"老年人"更有意义，而且他不必认识并和每一个佛教徒存在互动，他只是相信他与其他佛教徒具有很多共同的属性，而且比不信佛的那些人更有可能关注佛教方面的事情。

还有一个概念与"社会认同"密不可分，那就是 social identification，国内一般将此译作"社会认同过程"，它是指"我们根据与他人共有的类型或名分而对自己进行定位时所遵循的程序"（Deaux，K.，2001）。如果说社会认同是一种结果，是个体既成的事实或属性，那么社会认同过程就是这一结果产生之前个体的心理动机和行为实施。不过，在实际使用的时候，国内外学者有时会将"社会认同"与"社会认同过程"混在一起，并没有做明确的区分。

二 社会认同类型

处于社会中的每个个体，总是将自己与某些群体或社会类型联系起来，从而为自己构建这样或那样的社会认同。按杜尔琦（Deaux，K.，2001）的观点，社会认同大致有这样五种类型（见下页表2.1）：

（1）民族和宗教的认同（ehtnic and religious identities）
（2）政治认同（political identities）
（3）职业和爱好（vocations and avocations）
（4）人际关系（personal relationships）
（5）被污化群体（stigmatized groups）

需要说明的是，表2.1中的各类型社会认同，其下所列只是所包含的部分案例或内容，并非该类型的全部。例如，在一些国家和地区，"同性恋者"就被归入"被污化群体"。

特勒的学生迈克·豪格与多米尼克·阿布拉姆斯（2011：18）则以各社会类型在权力和地位关系上的不同，将社会类型分为：民族国家（英国/法国）、种族（阿拉伯人/犹太人）、阶级（工人/资本家）、职业（医生/焊工）、性别（男人/女人）、宗教（穆斯林/印度教徒）等，这里的"权力和地位关系"是指社会中的一些类型比另一些类型拥有更高的权力、声望和地位等，而关于这些社会类型的心理归属便产生了相应的各类社会认同。相较于杜尔琦的分类,这一种分类更为详细,而且

表 2.1 社会认同类型

民族和宗教
亚裔美国人
犹太人
南方人
西部印第安人
政治所属
女权主义者
共和党员
环保主义者
职业与爱好
心理学家
艺术家
运动员
退伍军人
人际关系
母亲
父母
少年
寡妇
被污化群体
AIDS 患者
无家可归者
肥胖者
酒鬼

还是一种开放的分类,如果有新的社会类型出现,就可能会往里面添加新的社会认同。不过,无论是杜尔琦的分类还是豪格等人的分类,不同类型的社会认同往往都各有特别之处,从而将其和其他类型区别开来。有的是因为先天的因素而具有的(如民族认同),有的则是因为后天的努力而获得的(如职业与爱好认同);有的是积极的社会认同(如科学家),有的则是消极的社会认同(如艾滋病患者)。但很多时候,有些

社会认同彼此之间并不总是分得很清楚。例如，在有些国家和地区，色情从业人员如"妓女"者，既可归入"职业与爱好"一类，也可归入"被污化群体"一类。再如，在乌克兰，一个乌克兰族的乌克兰公民，其民族认同与国家认同是一致的，而一个俄罗斯族的乌克兰公民，其民族认同与国家认同又是分开的。

对于个体而言，他（她）所具有的社会认同并不是固定不变的，而变化的形式主要包括添加新的社会认同和取消已有的社会认同。例如，一个信奉佛教的人或许有可能转信基督教，甚至什么都不信；一个生长于美国华人家庭的子女，他（她）可以继承其父母的中国认同或中华民族认同，但也可以放弃该认同而只有美国认同，成为典型的"香蕉人"[①]。此外，每个个体可以同时具有多重社会认同，如一位女性，同时也是一位大学老师，一位母亲或妻子，一个女权主义者，一个环保主义者，一个基督徒。现实生活中这样的情况很常见，一个人只有某一个社会认同反而是极少见的，甚至是不可能的。不过，个体所具有的多重社会认同彼此间不能是相互对立或排斥的，比如说，在我国，一个人不可能同时是"共产党员"和"无党派人士"。

三 社会认同的形成和改变

每个人实际上在其生命的早期就开始将自己归于某个社会类型或社会群体，也就是说每个人在很小的时候就开始建构自己的社会认同。例如，绝大多数学者相信，小孩子在两三岁的时候就对自己有了性别意识，就开始建构自己的性别认同（Deaux, K., 2001）。当然，从最初的性别意识到最后的性别认同，并非一日而就，往往有个过程，甚至还是个漫长的过程，这其中除了有生理这一基础性因素外，还有社会、文化等层面的因素，它们共同作用于个体并最终形成某些社会认同。诚如

[①] 香蕉人，又叫 ABC，即 American Born Chinese，最初就是指美国出生的华人。如今，这一概念已不限于美国，而是扩展整个海外，尤其是欧美国家，泛指移居并生长在那里的华人及其子女。这些人虽然依旧是黑头发黄皮肤，但已不说汉语、不识中文，说的是一口地道的英语或东道国的语言，他们从小接受的是欧美文化的教育和熏陶，其思维方式、生活方式、价值观已经欧美化或者白人化。于是就有人将"黄皮其外，白瓤其内"的这些人形象地称为"香蕉人"。

西班牙学者曼纽尔·卡斯特尔（Manuel Castells, 2003：4）所认为的："从社会学的观点来看，很容易同意所有的认同都是建构的这一事实。……认同建构所运用的材料来自历史、地理、生物、生产与再生产制度、集体记忆及个人的幻想、权利机器及宗教启示等。"

不过，我们无意在此一一分析形成社会认同的原因或所需要的材料，因为这是社会心理学等领域的学者们长年累月、长篇累牍也难以尽述的，何况这也不是本课题的研究重点。我们将更多地关注社会认同形成的大致过程，这将有利于我们理解农民工的社会认同是何以形成的以及这样的社会认同对于其语言使用有着怎样的影响。关于社会认同的形成过程，豪格与阿布拉姆斯（2011：25—38）有着较为详细而清楚的说明，我们可以在此对其删繁就简进行转述，以下是相关内容。

人类社会并不是铁板一块，而是由许多社会类型构成的异质性集合，社会类型本质上是统计实体（如所有黑皮肤的人），而当同一社会类型内的不同个体对该类型产生共同的心理归属后，该社会类型便转化为社会群体。社会群体是不可避免要出现的，因为它们是有功能的，满足了个体和社会对于秩序、结构、简洁和可预测性等的需求。如果整个社会都是由一个个相互独立、自具个性的个体构成的，没有社会类型和社会群体，那么我们将会被过多的刺激击垮，完全不能行事。不过，这种将社会划分为不同类型或群体的过程——类型化同时也会给个体心理带来增强效应（accentuation effect），即人们往往会夸大/增强同一类型事物间的相似性或不同类型事物间的差异，发生于群际的刻板成见，乃至偏见、歧视都是这一增强效应的体现。

在将社会看成一个由不同类型或群体组成的结构时，个体也会自然地将自己与这些类型或群体联系在一起，这便开始了自我类型化的过程。自我类型化一般包含两项任务：一方面，它使某人认为自己与该类型的其他成员是相似的，而且他们具有相同的社会认同，也就是说，他们是同一个群体的人；另一方面，自我类型化会让个体在某些维度上做出与该类型相符的行为，这些维度就是划分类型时的维度。例如，当一个女孩将自己归入"女性"类型时，她或许就要在言行上遵循社会关于女人的成见，即"女人就应该有女人的样子"：留长发、穿裙子、爱打扮，说话软声细语、有礼貌，有母爱、主持家务等。

伴随自我类型化的还有社会比较（social comparison），社会比较的动机是个体为了确认自己对自身、他人和整个世界的感知是正确的，当然也包括确认他的自我类型化是正确的。如果以不同的共识来界定不同的群体，那么个体可以通过共识的比较将自己与他人划为同一群体或不同群体。前者是内群成员之间的社会比较，后者是群际之间的社会比较。社会比较具有极强的评价性，在比较的过程中，人们一方面积极评价内群的所有刻板化特质，并且有将群际差异最大化的趋势。这么做的动机很简单，就是为了获得积极的自我评价，这种评价提升了个体的自我价值和自尊，会让个体有心旷神怡之感。临床研究显示，人们都有自尊的需求，极低的自尊会带来严重后果。

类型化和社会比较共同作用，会让个体产生某种（些）社会认同进而影响个体乃至所在群体的行为，如对内群规范的遵从、情感上的偏爱以及对外群的偏见、歧视甚至仇恨等。不过，个体的社会认同并不是固定不变的，这是因为任何社会认同都是以社会的类型化为前提的，而诸多社会类型往往存在权力、地位、声望等方面的差距，这就使基于社会类型而形成的各类社会群体有了支配群体与附属群体之分。附属群体成员资格会赋予成员消极的社会认同，进而导致较低的自尊，这会让其不满，并激发他（她）努力改变这一状况，而改变的方式取决于个体的主观信念结构（subjective belief structure），即个体对社会本质和社会中群体关系的信念。

主观信念结构有两种类型：社会流动（social mobility）和社会变迁（social change）。社会流动是指群体之间的边界是可以渗透的。这一信念会促使附属群体的成员通过努力工作、亲属关系等，进入支配群体并成为其一员。在此过程中，他们会抛弃原有的附属社会认同，转而偏好支配群体的社会认同，当然也因此获得积极的自我评价，满足了个体对自尊的需求。社会变迁则是另一种信念：群体之间的界限是僵硬的、不可改变和难以渗透的。在此信念下，个体摆脱不掉附属群体资格，而只能采取提升所属群体社会地位的策略，这是一种群体策略，它包括两种类型：社会创造（social creativity）、社会竞争（social competition）。

如果个体主观上没有想到其他可能的社会安排以替代既存的社会安排，他们就会采用社会创造策略，其主要方式有三：其一，在其他维度上进行群际比较以使自己所属的附属群体能够得到积极的评价。例如，很多女性虽然在创造财富、掌握的权力上不如男性，但她们则以生儿育女、操持家务并为家庭做出巨大的牺牲和贡献来评价自己。其二，对所属群体的负面特质重新定义。例如，20 世纪 60 年代美国黑人喊出"黑即是美"的口号。其三，选择其他群体进行比较。如果与支配群体进行比较，那么附属群体成员就会体验到较低的自尊，但他们可以选择与其他的附属群体或地位更低的群体进行比较。例如，美国工人阶级中的"性别歧视"或者"白种穷人的种族主义"就属此类。具体采用哪一种社会创造策略，则要看在特定的历史环境中，哪一种更有相对的优势或更加可行。

只有附属群体想到更好的社会安排的时候，那么附属群体和支配群体之间的真正对立（即社会竞争）才会出现。支配群体和附属群体之间这种既有的社会安排，其合法性受到质疑，人们不再将其视为稳定的和不可改变的，替代性的社会安排以及可能实现这一安排的方式手段就很容易被想到和实施。如印度甘地提倡并领导的非暴力不合作运动、南非曼德拉领导的反种族歧视运动等，这些运动都打破了原有的社会安排，大大提升了附属群体的地位。

第三节 社会语言学视阈中的社会认同理论

社会语言学诞生于 20 世纪 60 年代的美国，它通过研究社会环境中人们正在使用的语言来探求语言与社会之间的互动关系。社会语言学虽是语言学的一个分支，但它从一开始便是一个综合性很强的学科，一直都在吸收人类学、社会学、心理学、教育学等方面的诸多成果。对于探讨人类群际行为的社会认同理论，社会语言学也有着浓厚的兴趣并将此运用到自己的研究中，借此来解释语言的变异与变化以及人们的语言使用等。下面我们就简要介绍一下社会语言学是何以青睐社会认同理论的，以及关于该理论的主要成果或发现。

一 语言学与社会心理学

之所以将这两个学科放在一起谈，是因为前者不怎么关注"社会"，后者则不怎么关注"语言"，而社会语言学正是一门探究"社会"和"语言"之间复杂关系的学科，可以说，社会语言学恰好弥补了这两个学科的空白并将此联在一起进行研究。

语言学这门学科自形成以来，一直重视语言本体的研究。从最早的传统语法（traditional grammar）① 研究到历史语言学和结构主义语言学，语言研究的对象一直是语言系统本身（徐大明等，1997：23）。这一研究模式尤其在索绪尔、乔姆斯基等人的推动下达到巅峰并成为20世纪语言学的主流，其理论基础就是"语言是同质的"。例如索绪尔认为，语言就是一个同质的符号系统（1980：36），它是每个人都具有的东西，同时对任何人又都是共同的，而且是在储存人的意志之外的，只有跟语言有关的研究，才能在语言学中占有一席之地（1980：41）。为此，他将语言学区分为内部语言学和外部语言学。谈及如此做的目的，索绪尔（1980：43）说："我们关于语言的定义是要把一切跟语言的组织、语言的系统无关的东西，简言之，一切我们用'外部语言学'这个术语所指的东西排除出去。"将"外部语言学"排除出去，实际上就是将语言从其所在的社会完全剥离出来，语言学只做纯语言的研究，就如索绪尔（1980：323）在《普通语言学教程》最后所说的："语言学的唯一的、真正的对象就是语言和为语言研究的语言。"

索绪尔的这一理念几乎构成了整个现代语言学的基础，并且在乔姆斯基的生成语言学中得到进一步的明确和前所未有的发扬。为了建立一种适用于人类一切语言的"普遍语法"，乔姆斯基区分了"语言能力"和"语言行为"，并将前者列为自己的研究对象，而把后者，即一定社会环境中使用语言的行为排除在外。按乔姆斯基（1986：1—2）的解释，"语言能力"就是"理想的说话人—听话人"关于其所用语言的知识，此类人来自一个说完全相同语言的言语社区，他们精通自己的语言，并且在实际运用自己的语言知识时不受记忆限制、精神涣散、注意力和兴趣的转移，以及种种错误等这样一些与语法毫不相干的条件的影

---

① 传统语法是对古代希腊和罗马的语法研究、中世纪和文艺复兴时期的语法、18和19世纪以及以后欧美学校教学语法的统称。一般认为，古代希腊和罗马的语法研究传统一直到19世纪都占主导地位，它主要包括：强调正确性、纯语主义、文学至上这类观点，采用拉丁语法模型和注重书面语等。（参见威雨村等，1993：192；戴维·克里斯特尔，2000：365）

响。乔姆斯基（1986：23）认为，生成语法的主旨就是对"语言能力"进行描写，一种语法"如果它能做到正确描写理想化的说本族语的人的固有能力，它就具有了描写上的充分性"。

正是在索绪尔、乔姆斯基及其追随者的推动和努力下，语言结构得到了比较清楚的、系统的描写，这是语言研究的一次飞跃，但随着时间的推移，其内部隐含的弱点也日益表露（徐通锵，1991：272）。最为明显的就是语言研究的领域越来越狭窄，越来越脱离社会。对此，社会语言学的奠基人拉波夫就提出了尖锐的批评，他（1970）认为，深受索绪尔理论、乔姆斯基理论影响的研究一方面在语言的抽象方面确实得到了显著的进步，但另一方面却使语言学朝着离开社会环境的方向发展，语言研究的对象毕竟是言语社区用来作为交际工具的语言，如果不研究这样的语言，那我们的工作就有浅薄的一面；语言学理论不能无视说话人的社会行为，就像理论化学不能无视元素可见的属性一样；任何言语社区里都存在着语言变异和不纯的结构，这是已经被事实证明了的，至于是否存在一种没有变异的言语社区，倒是值得怀疑的。另一位社会语言学家海姆斯则针对"理想的说话人—听话人"批评道："此人给人的突出形象是一个抽象的，与世隔绝的人，几乎可以称之为无须启动的、能起认知作用的机器；除非凑巧，他不是一个出现于众生世界的人。"（Pride and Holmes，1972）海姆斯（1985）还认为，乔姆斯基关于"语言能力"的概念并不完整，它只包含说话人生成合乎语法的句子的能力，但将使用语言的能力抛在了一边；人们在交际时，不仅要考虑句子是否合乎语法，还要考虑是否得体，包括何时说、何时不说、跟谁说、说什么、在什么场合、用什么方式等；语言结构受到社会因素的影响和限制，语言模式必须包括交际行为和社会生活方面的内容。

正是出于对语言学脱离社会的批判，以拉波夫为代表的一批学者开启了将社会纳入语言研究的模式，并最终促进了社会语言学的诞生。社会语言学研究采取了一条更加务实的路线，不再人为地将语言与社会剔除开来。社会语言学家们把现实生活中鲜活的语言事实（当然是变异的）列为研究的重点，不仅从语言自身，也从社会寻找解释，从而将语言与社会紧密地联系在一起。自20世纪60年代以来，社会语言学在语言与阶层、语言与性别、语言与种族、语言与社会网络、语言变异与变化等方面取得了一系列令人瞩目的成就，语言研究领域也出现了从未有过的广阔。诚如有学者所言："社会语言学的产生是对语言学的一次冲击、一个新的提高。"（徐大明等，1997：25）

和语言学"重语言轻社会"的传统做法截然相反，社会心理学则具有"轻语言重社会"的明显特征。其实，某人所说的语言与其认同是不可分割的，这无疑是个与人类话语本身一样古老的知识（Le Page and Tabouret-Keller，1985）。心理学家们当然也会认识到这一点，如现代心理学的奠基人冯特就认为，语言是文化的媒介，是认同的象征符号（迈克尔·豪格、多米尼克·阿布拉莫斯，2011：64）。乔治·赫伯特·米德和符号互动学派也认为，语言在社会行为中扮演着重要的角色（Mead，1934；Stryker，1981）。然而，能认识到语言并不等于就去研究语言，更不等于将此列为研究的重点。因为心理学一开始便尊奉个体至上，认为：个体是心理学研究的终极单位，也是唯一单位。而语言则被心理学家们划入大众、社会而非个体的范畴，认为它是社会学、社会人类学和其他与文化有关的学科的研究领域。虽然之后的社会心理学强调了"社会"的作用并将此纳入心理学的范畴，但仍旧没有直接接触语言问题，更没有给语言以特殊的地位，而只是将语言和人类其他沟通手段混在一起谈，并且将沟通仅仅视为信息的传递。大量重要的社会心理学研究，即便是一些和语言有关的，如关于谣言、流言的研究，群体动力学研究等，都将语言排除在外，而那些关于非言辞行为的研究更是如此（迈克尔·豪格、多米尼克·阿布拉莫斯，2011：236—238）。

对于社会心理学在语言研究上的缺位，迈克尔·豪格与多米尼克·阿布拉姆斯（2011：241）是如此解释的："语言成为社会心理学'盲点'的深层次原因并不是社会心理学领域独有的，这个原因对我们所有人来说都是普遍存在的。当我们身处被视为理所当然的日常生活世界时，我们通常认为这个世界就应该是它看起来的这个样子，而忽视了它强大的象征性质（或者说是符号性质）。……日常世界成为我们生活不受质疑的背景，我们几乎不会对它投以任何关注的目光。"很明显，社会心理学之所以不关注语言，是因为语言过于平常，只是人类日常生活理所当然的部分，不值得去研究。

社会心理学会因其心理学的传统以及语言的平常性而忽视语言研

究，但社会语言学毕竟是语言学的一个分支，它和其他语言学并没有什么根本性的不同，如都以语言为研究对象，并以揭示语言规律为己任，所不同的只是它将社会纳入语言学的研究范畴，从语言与社会的互动关系中探寻语言的规律。不过，现实生活中的诸多语言现象往往都有可能和某个（些）社会因素相关，诚如尼尔·史密斯（Neil Smith, 1989: 190）所言："显而易见，不同的社区展示了它们在言语上的变异：在巴黎的人说法语，在华盛顿的人说英语，而在蒙特利尔的人这两种语言都说；同样明显的是，孩子们的说话方式不同于他们的祖父母，男性和女性在语言能力上也不一定相同，如此等等。简而言之，任何社会变量都有可能与某种语言差异相连。"所以，社会语言学从其一开始就不断从其他学科关于社会的研究中吸收营养，这当然也包括从社会心理学中寻求帮助，而关于群体行为的社会认同理论自然会被社会语言学家们关注，因为语言使用本身也是一种群体行为。

二 语言与社会认同

在社会语言学领域，"语言与社会认同"研究大致可以归到"语言与认同"这一热门话题，其理论基础就是："每一种语言都有一些语言项目，它们可以反映说话人或听话人的社会特征以及他们之间的关系。"（Hudson, 2000: 120）语言的这一认同功能可以通过两种方式来实现：一是通过语言的内容直接实现，如"我是个教师"、"我是厦门人"、"你是我最好的朋友"之类；二是通过语言的形式间接实现，这里的形式小到语言系统内部的某个（些）语音、词汇或语法特征，大到整个语言变体（语言或方言）。例如，在一次战胜以法莲人（Ephraïm）[①]之后的战场上，基列人（Gilead）就通过语言认同的手段来区分敌友，他们命令所有的士兵说 shibboleth 这个单词，如果你把该词的第一个辅音发成 [ʃ]，那么你就是朋友，但若将其发成 [s]，那么你就是敌人并立马被处死（Tabouret-Keller, 2001）；再如日常生活中，我们时常根据

---

① 以法莲是以色列的一个部落，曾经是以色列北部王国的一部分，但该王国于公元前722年被亚述国（Assyria）所征服，其国民也遭驱逐。从那时起，这一部落便逐渐融入其他族群而成为以色列十大消亡的部落之一。

对方所用的方言来判断他是"四川人"、"天津人"还是"山东人"。一般而言,直接的方式比间接的方式更能明确地表达说话人的社会特征及其和听话人之间的关系,但社会语言学更加关注的还是后者。赫德森(Hudson,2000:230)将这种间接传递出来的信息称为"社会信息"(social information),并认为社会语言学是对这种间接传递社会信息的方式进行关注的唯一学科。

很显然,赫德森的社会信息包括我们所要讲的社会认同。不过,社会语言学所谓的社会认同只是众多认同中的一个类型,并且具有广义和狭义之分。戴维·克里斯托尔(Crystal)将认同分为七种:物理认同、心理认同、地域认同、社会认同、族群或国家认同、语境认同和风格认同。其中,物理认同是指语言可以告诉我们说话人的年龄、性别、身体状况、声音特征等内容;心理认同是指语言可以传递关于说话人的个性、智力以及其他心理特征等信息。这两种认同更多的是和说话人的个体特征有关,另外五种认同则属于广义的社会认同,即个体与不同的社会类型较为长久或暂时的联系(徐大明,2010:177)。这五种之一的"社会认同"实际上是狭义的社会认同,主要指的是和说话人的职业、社会地位、社会阶层等有关的一类认同(同上:179)。在社会语言学领域,"语言与认同"研究主要集中于地域认同、社会认同、族群或国家认同,因为它们是说话人认同中较为稳定的内容,构成了其认同的主体(同上:177)。需要说明的是,本课题所要探讨的是广义的社会认同,不过,有时为了凸显认同的某一方面或类型,在叙述时会有意地使用地域认同、民族认同或阶层认同等概念。

按研究方法,门多萨-登顿(Mendoza-Denton,2002)将认同研究分为三类:(1)基于社会统计学范畴(Sociodemographic Category)的认同研究;(2)基于实践(practice)的认同研究;(3)基于实践的变异研究。对这三类研究,我国学者葛燕红在《语言变异与变化》(徐大明,2006a:229—237)一书中曾有较为清晰、全面的介绍,在此我们可以择其要者,尤其与本课题相关者,再加上其他文献资料来对这三类研究作一简要的综述。

基于社会统计学范畴(如地区、性别、年龄、职业、种族、社会阶层等)而进行的语言认同研究,是最早涉及社会与语言建构关系的系统性研究。拉波夫（1972a，1972b）在纽约所做的系列研究就是该领域的先驱，没有这些研究我们将不会知道某语言变项内部的各变式（variant）既有创新的，也有保守的。沃尔夫拉曼（Wolfram，1969）在底特律的研究则是我们调查说话人如何通过语言表达种族认同的指南，类似的还有塞迪格雷（Cedegren，1973）关于巴拿马西班牙语的研究。此类研究立足于不同的社会类型，通过广泛覆盖的样本和有代表性的数据，发现语言变异的系统性，了解各语言变项与社会因素之间的相互作用。虽然这些研究旨在探索语言变异与变化的关系，弄清语言变化的机制，但客观上也促进了我们对语言认同功能的了解。例如，拉波夫（1985）在其最著名的一项研究——《纽约市百货公司（r）的社会分层》中发现，阶层较高的会倾向于使用标准变式[r]，阶层较低的则倾向于使用非标准变式Ø，即将该音省掉不发。可见，变式（r）成了纽约市不同社会阶层的标识。还有诸多关于美国黑人英语（Black English）[①]的研究则更为详细地描写了该语言变体的特征，这些特征涉及语音、形态以及句法等诸多方面，如美国黑人在发test、desk 和 end 一类的词时，可以将其最后一个辅音省掉；作为词尾的 t 和 d 也经常不发，过去时因此失去标志；系词 be 常常被省掉等（Wardhaugh，2000：333—334）。正因为美国黑人英语的与众不同之处，所以无论是美国黑人自己还是其他美国人，都将这种语言和美国黑人联系在一起；绝大多数美国人往往单凭黑人英语这一项标准就可以准确地辨别对方是不是美国黑人（同上：335）。此外，基于社会统计学范畴的认同研究也对多重认同及其间的转移感兴趣。例如，迈尔斯—斯克顿（Myers-Scotton，1993）根据"理性选择理论"揭示人们如何通过不同语码的转换来标示自己的多重认同。选择某种语码意味着选择了某种社会认同以及相应的社会权利与义务。例如，在突尼斯，如果说话人从现代标准阿拉伯语转换到突尼斯阿拉伯语，就意味着他从一个现代标准的阿拉伯人转换为一个当地的阿拉伯人，其相应

[①] 除"黑人英语"之称外，还有学者将其称为"黑人口头英语"（Black Vernacular English）、"非裔美洲口头英语"（Afri—American Vernacular English）（Wardhaugh，2000：333）。

的权利和义务也随之发生转换（Walters，1996）。

基于实践的认同研究所针对的既不是说话人自己所宣称的，也不是被他人所设定的社会认同，而是说话人一起参与某些活动，如共同参与某个社会项目时而建构的社会认同。例如林德等人（Linde，et al.，1987）以全程录像的方式将商务飞行中的机长和副机长的语言行为记录下来并进行了研究，以此揭示等级关系是如何在实践中建构的。很显然，此类研究所涉的社会认同与我们所要研究的农民工的社会认同关系并不大，因为农民工对于城市或农村的社会认同并不是一起参与某个（些）活动而建构的，而恰恰是自己所宣称的或由他人设定的。但是基于实践的认同研究强调个体的能动性，尤其是关于说话人建构认同的过程的描写对本课题却有着非常重要的借鉴作用与启发意义。如勒帕热等人（Le Page & Tabouret-Keller，1985）在对加勒比海沿岸克里奥尔语的研究后认为，个体说话人会有策略地运用语言的变体和变异将自己和渴望加入的群体联系起来，同时远离那些不想与之发生联系的群体。农民工，尤其是新生代农民工是否也会如此？他们又以怎样的语言来构建自己怎样的社会认同？对这些问题的回答，显然值得我们期待。

基于实践的变异研究着眼于说话人如何随其认同的转换而使用不同的标志性语言变式，与前述第一类、第二类研究不同的是，这一类研究大致属于一种微观的定性研究，不仅有利于我们进一步了解个体建构认同的过程，也有利于我们捕捉找到不同社会认同的语言标识。如约翰斯通和比恩（Johnstone & Bean，1997）在"自我表达与语言变异"的研究中，就收集了两位著名女性芭芭拉·乔登（Barbara Jordan）和莫莉·埃文斯（Molly Ivins）的书面和头语料。通过对这些语料的分析，研究者发现：说话人选择方言口音、非传统的比喻、诗化的重复等，或是想得到大范畴的社会群体的认同，或是想表现得和某个人一样；语言选择发生于语言的各个层面；说话人希望通过自己的语言来勾画自我形象。类似的研究还有西弗林（Schiffrin，1996）关于犹太裔美国人日常生活语言的研究，门多萨—登顿（Mendoza-Denton，1997）对加利福尼亚墨西哥后裔美国帮派女孩的研究等。

至此，我们大体上勾勒了社会认同理论的产生、发展、基本内容以及该理论在社会语言学领域的应用。将这些基础性的工作做在前面，就可以帮助我们在后续的章节中，专注于这一理论与本课题的关涉之处，专注于运用该理论来解析中国农民工群体的语言使用，而无须为该理论本身做过多的注解和说明。

第三章 研究设计

本课题总体上属于一次探索研究,但同时也有描述研究、解释研究的内容。例如要对新生代农民工的语言使用、社会认同状况分别进行详细的描写并概括其特征,并试图从社会认同的视角对他们的语言使用有所解释。然而,要实现这一研究目的,必须要有一个好的设计,得弄清楚我们将要观察什么、分析什么,观察、分析的方式是什么,为什么这么做等。这些设计性问题很重要,它直接关乎本课题是否可行和成败。正如一位数学家所言,一个设计完好的问题,就包含了它的答案(艾尔·巴比,2009:90)。

第一节 主要变量的测量

在本书第一章第一节"问题的提出"部分,我们所提出的那些问题实际上也可分解成这样一些假设:

1. 农民工的社会认同会影响他们的语言使用。
2. 农民工越是认同城市,会越有可能使用普通话。
3. 农民工越是认同农村,会越有可能使用老家话。
4. 新生代农民工比老一代农民工更加认同城市,因此更有可能使用普通话。
5. 老一代农民工比新生代农民工更加认同农村,因此更有可能使用老家话。

从这些假设不难看出,本课题的因变量主要是用来反映农民工的语言使用情况,尤其是如何使用普通话或老家话的;自变量则用来反映说话人的社会认同情况,尤其是对城市和农村的认同情况。具体如下:

一 因变量

或许是因为太容易让人理解，学术界迄今并没有关于"语言使用"（language use）的明确界定。国内外著名的语言学词典，甚至是专门的社会语言学词典，如《语言学百科词典》（戚雨村等，1993）、《现代语言学词典》（戴维·克里斯特尔，2000）和《社会语言学词典》（Trudgill，2003）等亦都没有关于这一词条的解释。不过，就国内外研究的实际情况看，"语言使用"的内涵还是比较丰富的。苏金智（1999）认为，国内外语言文字使用情况的调查主要有两类：一是对语言文字具体用法的调查，调查人们对一些具体的语言成分如何使用，对这些具体用法是赞同还是反对等；二是宏观调查，调查人们掌握各种语言（包括方言）和文字的情况，以及使用这些语言文字的习惯和场合，对各种语言文字及其使用过程中的看法等。这番总结基本上反映了国内外语言文字使用情况调查及研究的现状，从中不难看出，语言使用并不仅仅局限于说话人在不同场合使用某个（些）语言变体（语言或方言）的情况，也往往包括说话人语言能力方面的情况〔如掌握哪个（些）语言变体，水平如何等〕。如莱斯利·米尔罗伊（Lesley Milroy，1987）的《语言与社会网络》（*Language and Social Networks*），马戎（2004）的《语言使用与族群关系》，崔晓飞（2008）的《城市农民工阶层的语言使用状况及思考》，刘玉屏（2009）的《农民工语言使用语言态度调查》，周薇（2011）的《语言态度与语言使用的相关分析》等，其语言使用部分的研究也都包括说话人语言能力方面的内容。这么做并不难让人理解，我们很难想象，一个人掌握某种语言而从不使用它，或者从不使用某种语言而能够掌握它。从某种意义上讲，具有某种语言能力本身也是一种语言使用。更何况，无论在何种场合使用某种语言，都必须以具有这种语言能力为前提。因此，"语言使用"这一概念实际上具有广义、狭义之分，广义的"语言使用"除了包括说话人在不同场合显在的语言行为外，还包括说话人内在的语言能力、语言态度等，内涵非常丰富，大体与另一个概念——"语言状况"相当，而狭义的"语言使用"仅指说话人显在的语言行为。

本课题将根据实际需要来使用这一概念。例如，在对农民工的语言使用进行描述时，我们还考察了农民工的语言能力；而当分析农民工的语言使用与社会认同之间的关系时，我们只考察农民工狭义的语言使用。之所以有时要将"语言能力"包括在内，是为了对农民工的语言状况进行较为全面的描写，同时也希望用语言能力的相关数据来充分理解农民工的语言使用。基于此，本课题的因变量主要有以下内容：

1. 语言使用

农民工徘徊于城市与农村老家之间，其语言使用当然是在这两个地方发生的。本课题因此主要围绕这两个地方设计相关问题以及相应的测量指标：（1）您在老家使用的语言一般是什么？提供的选项分别为：普通话、老家话①、其他话（具体是_____）②，分别赋值1、2和3。（2）您在城里使用的语言一般是什么？提供的选项及赋值同（1）。（3）您在城里遇到老乡时一般使用什么语言？提供的选项及赋值同（1）。（4）您在城里工作时一般使用什么语言？提供的选项及赋值同（1）。（5）您在城里的住处一般使用什么语言？提供的选项及赋值同（1）。之所以在选项中特别提出普通话、老家话，而将农民工打工所在地的方言列入"其他"，主要是考虑到现有的诸多调查都显示，农民工使用最多的就是普通话与老家话，但极少学习并使用打工所在地的方言（夏历，2007b；刘玉屏，2009；付义荣，2010）；而且我们在下面的"语言能力"部分，针对农民工打工所在地的方言也特别设计了一个问题。这样，我们就保证了我们的调查既可弄清农民工对打工所在地方言的掌握及使用情况，也避免了因设计了一个没有多少人选择的选项而带来的冗余。

2. 语言能力

这里的"语言能力"只是指说话人会说哪些语言变体（语言或方言）以及对各语言变体的掌握水平，并非乔姆斯基（1986：1）所提出的那个"语言能力"。为此，本课题主要设计了如下问题和指标：（1）您会说的语言有哪些（可以多选）？提供的选项与前面"语言使用"部

---

① 这里的"老家话"指的是被试家乡所用的汉语方言。

② 这里的"其他"指的是普通话、老家话以外的语言或方言，具体所指可以填写在括号内的空格上。

分的（1）问题相同。（2）您的普通话目前所能达到的水平如何？提供的选项分别为：很熟练、一般、只会一些简单用语、一点也不会说，分别赋值1、2、3、4。（3）您的老家话目前所能达到的水平如何？提供的选项及赋值与"语言使用"的（2）相同。（4）对于当地城里人所用的方言，您的水平如何？提供的选项及赋值与"语言使用"的（2）相同。

二 自变量

前文已知，社会认同具有较为丰富的内涵，而且类型复杂多样，对其进行界定、测量并不是件容易的事。不过，国内社会学界关于农民工，尤其是新生代农民工的社会认同所做的诸多研究则给了我们很多有益的启示，他们的许多做法或许能够为我们所借鉴。

最早研究新生代农民工的王春光（2001）以美国社会学家科尔曼（James S. Coleman）的理论为基础，将农民工的社会认同视为对自我特征（身份、职业或生活等）的一致性认可、对流出地或流入地社会的态度以及和社会、行政组织的关系，并因此从身份认同、职业认同、乡土认同、社区认同、组织认同、管理认同和未来认同这七个方面集中考察了新生代农民工的社会认同。王毅杰、倪云鸽（2005）则根据西方的族群认同理论给流动中的农民工下了这样一个定义：流动农民在与城乡居民交往的过程中，基于城市和农村差异性的认识，从而产生的对自身身份的认知、自己感情归属或依附、未来行动归属的主观性态度；并根据这一定义从城乡差别意识、目前身份认知、群体情感归属意识、未来身体归属意识这四个方面对农民工的社会认同进行了调查研究。黄荣（2012）参照特纳和泰弗尔的社会认同定义，将新生代农民工的社会认同理解为新生代农民工认识到自身属于特定的社会群体，同时也认识到作为特定社会群体成员给他们带来的归属感和亲近感；并且从群体身份认同、社会地位认同、文化认同、地域归属认同这四个方面对新生代农民工的社会认同进行了调查研究。

很显然，国内社会学界关于新生代农民工社会认同的研究基本上都是沿着这样一个模式，即以西方的某个（些）社会认同理论为基础来界定新生代农民工的社会认同，再根据自身课题的实际情况来对新生代农民工的社会认同进行相应的调查研究。本课题也将采用这样的模式，为此，我们基于前文所提到的那个泰弗尔定义（Tajfel，1972）将农民工的社会认同理解为：农民工的社会认同是农民工自我认知的一部分，是他们知晓自己属于哪些群体以及所属群体赋予自己怎样的情感与价值意义。就本课题而言，对农民工社会认同的测量就是想知道他们把自己归属于"城里人"还是"农村人"，以及这两种不同的群体身份分别赋予他们怎样的情感与价值意义。为此，我们参照国内社会学的一些做法，拟从目前身份认知、群体情感归属、未来身体归属这几个方面测量农民工对"城镇"和"农村"的认同，具体如下：

1. 目前身份认知

"城市"与"农村"可以说是当代中国社会最主要的差别之一，生活在其中的"城里人"与"农村人"也成为当代中国人最显著的身份之一。在城乡二元分割的时代，这两种身份的界限还是比较清楚的。然而，改革开放后，随着城乡二元体制的逐渐松动，这两种身份的界限变得有些模糊，如农民工群体，他们来自农村，户籍在农村，但却像城里人一样在城市工作、生活甚至学习。很显然，农民工群体同时具备了"城里人"与"农村人"的某些特征。对于城里人或城市管理者而言，往往会将这一群体视为"农村人"，并将其与真正的城里人区别对待，这在诸多农民工研究中已经得以证实，如李怀（2007），谢桂华（2007），付义荣（2010），郭星华和李飞（2009）等。但问题是，农民工自己未必也是这样看待的，他们是如何将自己归类的？又是如何对自己定位的？为此，我们设计了这样一些问题以了解他们对自己身份的认知：（1）您认为自己现在的身份是什么？提供的选项分别是：农村人、城里人、不好说，分别赋值1、2、3；（2）您认为自己大体上属于哪个阶层？提供的选项分别是上：上层、中上层、中层、中下层、下层、说不清，分别赋值1、2、3、4、5、6；（3）您是否想改变自己的农村人身份？提供的选项分别是：想、不想、无所谓，分别赋值1、2、3。

2. 群体情感归属

对自己身份的认知往往基于某些客观条件的分析，可以说更多的是一种理性考量。然而，人的理性与感性并非是同步的，有时甚至是不一致的。现实生活中，人们有时会将自己归于"此群体"，但对"彼群体"又神而往之,持有明显的情感倾向。那么,农民工对于自己的"城市认同"或"农村认同"又有着怎样的情感体验呢?为此,我们设计了这样两个问题:(1)您在城市有"家"的感觉吗?提供的选项分别是:有、没有、说不清,分别赋值1、2、3;(2)您更喜欢农村还是城市?提供的选项分别是:农村、城市、两个都喜欢、两个都不喜欢,分别赋值1、2、3、4。

3. 未来身体归属

对未来的期待,尤其对自身最终归属的期待,不仅体现着行动者对自身社会认同的理性规划,也反映了他们对自身社会认同的感性企求。而且,对农民工未来归属的了解,实际上也是在了解他们社会认同的发展趋势。在本研究中,我们为此设计了这样一个问题:您对未来有什么打算?提供的选项分别是:(1)在城市买房成为城里人;(2)赚够钱了就回农村老家;(3)有钱没钱都想回老家;(4)走一步看一步,顺其自然;(5)没想过;(6)其他_____(具体请写在括号内),这六项分别赋值1、2、3、4、5、6。

三 控制变量

国内外诸多研究发现,说话人的年龄、性别或文化程度等都有可能影响其语言使用。如付义荣(2004)、郭熙等(2005)、俞玮奇(2011a;2012)等证实了年龄因素对语言使用的影响;Key(1975)、Labov(2001b:275—279)、雷红波(2008)、周薇(2011)等证实了性别因素对语言使用的影响;夏历(2007a)、陈建伟(2008)、刘玉兰(2012)等证实了文化程度对语言使用的影响。因此,本研究将会在相关分析中把农民工的年龄、性别、文化程度作为控制变量。

1. 年龄:指农民工在接受调查时的实际年龄。
2. 性别:男性赋值为1,女性赋值为0。
3. 文化程度:我们将农民工文化程度从低到高分为6个层次,分别赋值1—6:(1)没读过书;(2)小学;(3)初中;(4)高中;(5)职高/中专/技校;(6)大专及以上。系数越低,说明文化程度越低。

以上诸变量中,自变量与因变量显然是我们此次调查的核心内容。

不过，需要说明的是，本课题的核心目的旨在探讨农民工的城市认同或农村认同是如何影响其语言使用的。因此，在后面的统计分析中，我们将围绕这一目的有选择性地对一部分自变量与因变量进行相关分析，而自变量与因变量中的其他变量则主要帮助我们全面地了解新老农民工的语言使用及社会认同状况，同时辅助我们对此有所解释，尤其是一旦从农民工的"城市"或"农村"认同中不能对农民工的语言使用进行充分解释，或根本不能解释时，或许可以从这些变量中得到某种印证或解释。

第二节 数据来源

一 调查及抽样方法

本课题的研究对象虽然是新生代农民工，但从我们之前的假设中不难看出，只有将新生代与老一代农民工进行对比，才可以验证这些假设，才可以回答我们开始提出的那些问题，才可以体现出新生代农民工的与众不同之处，才可以看出农民工这一群体的发展趋势。这就意味着本课题其实是一次关于新生代与老一代农民工的对比研究，我们的调查对象因此也不限于新生代农民工，而是所有的农民工。

众所周知，农民工是一个庞大而流动的群体。因其规模庞大，我们不可能对其进行全面、普遍的调查；因其流动不定，我们对其研究总体或调查总体难以进行界定，也因此难以对其进行概率抽样[1]。有鉴于此，本课题将采取非概率抽样[2]的方式调查农民工，这也是当前农民工

---

[1] 研究总体是在理论上明确界定的个体集合体，但在实际中很难做到使符合这一界定的所有个体都有同样的机会被调查到；调查总体则是对研究总体的进一步界定，往往加上时间、范围等规定，从而保障调查的可行性。概率抽样就是使总体中每一个体都有一个已知不为零的被选机会进行样本，具体包括简单随机抽样、分层抽样、系统抽样、整群抽样、多阶段抽样等方法，然而这些方法都是在总体能够确定的情况下才可以实施的［相关内容请参看袁方（1997：199—220）的《社会研究方法教程》］。

[2] 相对于概率抽样，非概率抽样的每个个体进入样本的概率是未知的，具体包括偶遇抽样、主观抽样、定额抽样、滚雪球抽样、空间抽样等方法［相关内容请参看袁方（1997：220—224）的《社会研究方法教程》］。

研究普遍采取的抽样方式。在具体实施时，我们将以滚雪球抽样方式为主，再配以主观抽样、偶遇抽样。之所以主要采取滚雪球的抽样方式，这是因为中国农民工在城市的生活、工作往往具有"扎堆"的特点，你如果找到其中一个，往往就会在其周围找到一群，如王汉生等人（1997）关于北京"浙江村"的研究，唐灿等人（2001）关于北京"河南村"的研究，李培林（2002）、王立志（2009）等人关于"城中村"的研究，还有付义荣（2010）关于安徽傅村农民工的研究等都揭示了农民工在城市的这种分布特点，就像翟学伟（2003）所描述的："中国农民工在流动的方式和方向上存在着另一种重要现象，即在某大中城市、某一社区、某一工厂企业、某一建筑工地或某一行业中，往往集中了农村某一地某几个村庄的人群。"

利用这些抽样方式，我们于 2012 年 7 月至 2013 年 10 月期间，利用寒暑假的时间主要在上海、厦门两地进行了问卷调查。我们一共分发了 510 余份问卷，共收回 497 份，其中有效问卷 483 份，这些问卷将是本课题的主要数据来源。当然，在研究的过程中，我们也会根据课题本身的实际需要引用国家统计局、各级政府、研究机构以及个体研究者等提供的相关数据，对此我们也将会在文中加以注明。

二 样本基本情况

根据这 483 份有效问卷，我们对样本的基本情况进行了描述性分析（相关数据见表 3.1）。由表 3.1 来看，进城农民工男性多于女性，而且大多来自我国中部地区以及上海、厦门周边一带，如安徽、江西、河南、四川、江苏、浙江等地；文化程度以中学（包括初中和高中）为主，二者共占样本总数的 65%；他们在城市主要从事加工制造、住宿餐饮、建筑等行业工作，三者占了样本总数的 54%；新生代农民工占了样本总数的 54.9%，比老一代多了近 10%。

在问卷中，我们也对农民工的出生时间和第一次外出打工的时间进行了调查，其中年龄最大的 64 岁，最小的 18 岁；外出 2 年及以下的 30 人，3—5 年的 126 人，6—10 年的 164 人，11—15 年的 85 人，16—20 年的 47 人，21 年及以上的 31 人。可见，大多数农民工在外务工的时间都在 3—15 年，共约占了 77.4%。

表 3.1　　　　　调查样本构成情况之描述性分析（N=483）

	样本类型	人数	%		样本类型	人数	%
性别	男	256	53.0%	代际	新生代农民工	265	54.9%
	女	227	47.0%		老一代农民工	218	45.1%
来源地	东部地区①	71	14.7%	职业	建筑业	87	18.0%
	中部地区	323	66.9%		加工制造业	99	20.5%
	西部地区	89	18.4%		住宿、餐饮业	75	15.5%
文化程度	没读过书	55	11.4%		批发、零售业	51	10.6%
	小学	47	9.7%		家政服务业	54	11.2%
	初中	213	44.1%		交通运输业	33	6.8%
	高中	106	21.9%		保安、物业管理	36	7.5%
	职高/中专/技校	38	7.9%		文化教育	7	1.4%
	大专及以上	24	5.0%		其他	41	8.5%

总体而言，此次抽取的样本是一个新生代占主体、文化程度中等且主要在城市从事低端职业的群体，这与国家统计局监察到的农民工状况大体一致（新生代农民工基本情况研究课题组，2011）。

第三节　主要统计方法

考虑到本研究所要处理的样本数量并不大，且专业的统计分析软件，如 SPSS（Statistical Product and Service Solutions，即"统计产品与服务解决方案"软件）价格昂贵，于是我们采用了电脑上一般自备的 Excel 软件，具体来说就是用 Microsoft Office Excel 2007 来统计分析此次调查所收集到的数据。就前面提及的那些假设看，本课题所要做的统计主要包括假设检验、相关分析与回归分析。参照谢邦昌等（2008）的《Excel 2007 在统计分析中的应用》与李绍山（2001）的《语言研究中的统计学》等资料，我们将这些统计方法作一简要的介绍，这将有利于

---

① 根据国家统计局 2011 年开始的划分办法，将我国经济区划分为东部、中部、西部和东北四大地区。但此次调查的是外来农民工，因此这里的东部地区不包括上海市，并且为便于统计和简化表格，我们也将东北地区归到东部地区。

读者理解本课题为什么要做这些统计，也有利于读者理解后文出现的相关数据以及在此基础上得出的结论。

一 假设检验

假设检验是推断统计最重要的一个部分，而推断统计主要包括这两个方面的内容：一是根据样本统计值对总体参数进行推断和估计，二是对事物之间关系的推断，例如比较两种或多种事物之间在某个方面（例如平均值）的差异等（李绍山，2001：4）。本课题的假设检验属于后者，即比较新老农民工这两个样本分别在语言使用、社会认同方面是否存在差异。在进行比较时，首先要分析每类样本的特点，然后再利用 Excel 2007 软件检验它们之间是否存在差异，并确定这一差异是"真正的"差异（即由我们所研究的某个因素造成的）还是由偶然的因素（例如抽样误差）造成的差异，与此同时，我们还可以得出这一结论的误差大小（如 5%、1% 或 0.05、0.01 等，即显著水平[①]）。

例如，我们想知道某中学的学生，其在校的饮料费用是否和性别有关，就得首先了解该校男生和女生的饮料花费是否存在显著差异，于是我们在该校的男生、女生中各抽取了 40 个样本并调查了他们一周的饮料费用（见表 3.2）。

表 3.2　　　　　　某校男女学生一周饮料费用一览　　　　　　（单位：元）

男　生	女　生
10　6　7　8　8　9　5　9　11　15	18　11　9　10　7　13　11　21　9　13
13　9　8　12　7　8　4　20　11　9	13　10　21　18　9　10　22　18　17　14
22　11　8　9　8　9　11　6　7　13	14　16　11　15　8　12　13　18　10　9
8　8　6　11　20　12　8　16　5　14	19　17　9　8　7　13　16　17　15　12

仅凭肉眼看，这两组数据是有差异的，但这种差异是真正的差异还

[①] 显著水平就是：当等于或低于其值时我们愿意把观察到的差异视为具有显著意义的概率。显著水平一般用 α（或 ρ 表示），在 0.05、0.01、0.001 水平上有显著意义的差异分别称为差异有"显著意义"、"非常显著的意义"、"极为非常有显著的意义"。如果我们决定在 α≤0.05 时拒绝零假设，意思就是我们有 95% 的把握说，样本中所观测到的差异是真正存在的（即是由我们所操纵的变量所造成的），而随机误差造成这一差异的可能性至多只有 5%。［相关内容请参照李绍山（2001：91）］

是随机误差造成的差异呢？这时就可用 Excel 2007 软件对这两组数据进行检验并得出结论，该软件有 t 检验和 z 检验。我们以后一类检验为例，这也是本课题所将选择的，即双样本平均差检验，检验的结果就会得到这样一些数据（见表3.3）。

表3.3 某校男女学生一周饮料费用比较检验结果 （单位：元）

	男生	女生
平均	10.025	13.325
已知协方差	16.79423	17.14808
观测值	40	40
假设平均差	0	
z	-3.58239*	

注：显著水平 *$\alpha \leq 0.05$。

由表3.3来看，该校女生一周的饮料费用竟比男生平均多出3.3元，而检验统计 z 值约为 -3.6，其绝对值大于双尾临界值1.96，这就意味着我们不能接受零假设，也就是说，该校男女生的饮料花费实际上是存在显著差异的。本课题亦将采用这样的统计方式来确认新老农民工在语言使用、社会认同方面是否存在显著差异，从而帮助我们确认与老一代相比，新生代农民工的语言使用与社会认同究竟有着怎样的不同之处。

二 相关分析与回归分析

变量之间往往会存在一定程度的关联，如果这种关联是规律性的，如一个变量会随着另一个变量的变化而变化，那么这就是统计学所谓的相关（李绍山，2001：99）。测量不同变量是否相关的方法主要有二：即相关分析与回归分析。所谓相关分析就是用一个指标来表明变量间相互依存关系的密切程度；所谓回归分析就是根据相关的具体形态选择一个合适的数学模型来近似地表达变量间的平均变化关系。相关分析与回归分析在具体应用时往往相互补充，前者需要依靠后者来表明变量相关的具体形式，而后者则需要依靠前者来表明变量的相关程度，只有变量之间存在着高度相关时，才可以进行回归分析。（谢邦昌等，2008：

183）

例如，表3.4所列是某公司一年12个月的广告费与销售量，那么该公司的销售量与其广告投入是否相关呢？是否存在所期望的那样，广告投入越多就销售得越好呢？

表3.4　　　　　　某公司广告费用与销售量一览　　　　　（单位：元）

月份	广告费	销售量
1	250	2600
2	300	2950
3	200	1850
4	180	1650
5	150	1500
6	200	2400
7	240	2800
8	300	2960
9	190	2400
10	150	1600
11	120	1500
12	220	2350

要回答这些问题，就需要计算这两组数据的相关系数。最常用的相关系数即皮尔逊相关系数（Pearson product moment correlation coefficient），用符号r表示。相关系数r值在 -1 与 $+1$ 之间，即 $-1 \leq r \leq +1$，-1 表示完全的负相关，$+1$ 表示完全的正相关，0则表示变量间不存在任何相关，其他各值表示不同程度的正相关或负相关（李绍山，2001：103）。正相关系数表示发一个变量的值增加时，另一个变量的值也增加；而负相关系数则表示，当一个变量的值增加时，另一个变量的值却在减少；当然，对于两个定类变量而言，其相关不存在这种正负方向问题而只存在有无问题（袁方，1997：471）。一般而言，相关系数的绝对值可分为以下几个档次。

（1）显著性相关：$|r| > 0.95$
（2）高度相关：$0.95 \geq |r| \geq 0.8$
（3）中度相关：$0.5 \leq |r| < 0.8$

(4) 低度相关: $0.3 \leqslant |r| < 0.5$

(5) 弱相关或不相关: $0 \leqslant |r| < 0.3$

通过 Excel 2007 的计算,该公司广告费与销售量之间的相关系数为 0.922518,这意味着这两个变量高度相关。不过,要确认这一点,还得做进一步的检验。如果样本数大于 30,就要做 z 检验或 t 检验;由于表 3.4 的样本数只有 12,所以只能做 t 检验。由于广告费与销售量是按每个月统计的,因此我们选择成对样本的 t 检验。经检验求得的 t 值为 -13.5(显著水平: $\alpha \leqslant 0.05$),其绝大值大于自由度(df)为 11 的 t 双尾临界值 2.2。因此,可以认为该公司的广告费与销售量是高度相关的,即广告费投入得越多,销售的业绩就越好。

由于该公司的广告费与其销售量之间确实存在高度相关,接下来便可以进行回归分析。回归分析时要将研究的变量分为因变量与自变量,并建立因变量对自变量的函数模型,然后再根据样本所得的数据来估计函数模型的参数,这一方面可以解释过去的因变量何以产生,另一方面也可以通过自变量的变化来预测因变量未来可能产生的数值(谢邦昌等,2008:187)。在这则案例中,广告费是自变量,销售量为因变量,分别用 x、y 来表示。

在 Excel 2007 中,有线性与非线性回归分析,前者又分一元与多元线性回归分析,其中一元线性回归分析最为简单,因此又叫简单线性回归分析,而多元线性回归分析是一元线性回归分析的推广,往往牵涉到两个或两个以上的自变量。很显然,广告费与销售量之间的回归分析属于一元线性回归分析,图 3.1 就是使用 Excel 2007 进行此次分析的结果,其中的 $y = 9.1846x + 299.87$ 便是该公司广告费与销售量之间的回归模型。

该模型不仅解释了该公司过去的广告费与销售量之间的关系,还可对此进行未来的预测。例如,接下来某个月,如果该公司的广告费用达到 400 元时,按这一模型,那它该月的销售量可能就是:$y = 9.1846 \times 400 + 299.87 = 3973.71$(元)。

当然,这样的回归模型是否适当,一般还要对其中的各项参数做进一步的检验来说明其可靠性。此外,不同类型的变量,其相关系数的测量还各有差异。刚才所提的"广告费—销售量"还只是属于"定距变

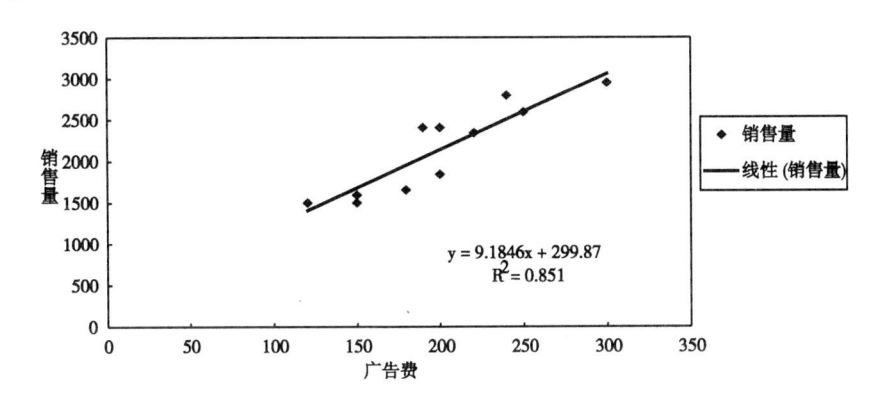

图 3.1　某公司广告费与销售量散点图

量—定距变量"的相关分析,因其理解起来较为简单,所以以其为例。其他还有"定类变量—定类变量""定序变量—定序变量""定类变量—定距变量"等类型的相关分析(袁方,1997:470—477)。不过,为节省篇幅,我们在此不再多叙,读者可以参照统计学方面的相关资料。

综上所述,本课题在接下来的统计中,我们既要针对新老农民工的语言使用、社会认同做比较分析和假设检验,又要对农民工的语言使用与社会认同做相关分析,如果二者确实存在高度相关,那么我们还要做进一步的回归分析,其中社会认同便是自变量,而语言使用就是因变量。

第四章 新生代农民工的语言使用

本章将主要依据前面提及的那483份有效样本，对新生代农民工的语言使用状况进行较为详细的描写，同时通过与老一代农民工的比较，一方面概括出新生代农民工的语言使用特征，另一方面试图发现农民工语言使用的发展趋势。不过，为了更加详细地描绘出我国农民工语言使用的图景，我们除了使用自己的调查数据外，也会根据需要引用其他人关于农民工语言使用情况的调查数据和相关结论。

第一节 新生代农民工的语言能力及习得

新生代农民工能够使用哪些语言或方言？他们又是通过怎样的途径习得这些语言或方言的？与老一代相比，新生代农民工的语言能力及习得又有着怎样的不同呢？针对这些问题，我们将此次调查的结果按新老农民工分别进行统计，并进行了比较分析。

一 新生代农民工的语言能力

表4.1列举了新老农民工所会说的语言及水平。根据该表所列数据，我们先来了解一下新老农民工的相似之处。

首先，新老农民工会说的语言主要为普通话与老家话，极少有人还会说其他的语言或方言。由表4.1来看，农民工，无论是新生代还是老一代，会说普通话或老家汉语方言的人数都在九成以上；除这两种语体之外，还能够说其他语言或方言的，新老农民工都不到一成。而且从问卷具体的回答看，选择"其他"项的大多数填的都是打工所在地的语言，即上海话或闽南话，这从"打工所在地方言水平"的相关数据中也可得到印证：对于打工所在地的汉语方言，新老农民工都有九成以上的人"一点也不会说",而在其他水平等级中,最多的也只是会一点简单用语,"一般"和"很熟练"的合起来都不超过5%。

表4.1 农民工语言水平各项指标的分布情况及赋值(N=483)[1]

变量名称	赋值	新生代农民工 人数	新生代农民工 %	老一代农民工 人数	老一代农民工 %
会说的语言:					
普通话	1	254	95.8	206	94.5
老家话	2	251	95.0	212	97.2
其他	3	23	8.7	21	9.6
普通话水平:					
一点也不会说	1	0	0.0	2	0.9
只会一点简单用语	2	9	3.4	11	5.0
一般	3	156	58.9	122	56.0
很熟练	4	100	37.7	83	38.1
老家话水平:					
一点也不会说	1	5	1.9	1	0.5
只会一点简单用语	2	12	4.5	5	2.3
一般	3	82	30.9	58	26.6
很熟练	4	166	62.7	154	70.6
打工所在地方言水平:					
一点也不会说	1	242	91.3	197	90.4
只会一点简单用语	2	12	4.5	10	4.6
一般	3	7	2.6	8	3.7
很熟练	4	2	1.6	3	1.3

其次,普通话在农民工群体中较为普及,但水平多为一般。由表

---

[1] 在调查过程中,会遇到有被试不按要求填写某个(些)答题的情况,如单项选择存在多选或不选的情况。若此,该名被试将不被计入该问题的被试总数。因此,本表所涉问题,若是单项选择,会存在其被试总数少于我们此次调查的总人数(新生代农民工265人,老一代218人)的情况。例如本表中,在"普通话水平"这一问题上,老一代农民工中有2人没有按要求回答,因此,该问题的被试总数就是216人,而不是218人。此类情况在后文其他一些表格中也会存在,为节省篇幅,我们在此一并注明,不再特别加注。

4.1来看，他们中的绝大多数都达到了"一般"及以上的水平，两项合起来都在94%以上，尤其是新生代农民工更是达到了96.6%。这说明新老农民工来到城市后，语言交流已不成问题。虽然老一代农民工中，还有两位"一点也不会说"普通话，但经调查，他们都是随子女进城的老年人，平时帮子女干干家务、带带孩子，其子女有时给他们从外面接一些手工活①，一则为了帮助他们打发时光，二则贴补一下家用。这部分人并不是农民工的主流，更多的只是农民工的随行家属。不过，我们也发现，新老农民工中的大多数人，普通话水平都不是很高，最常见的都是"一般"，达到"很熟练"的都不到四成。

最后，新老农民工基本上都能够说老家话，而且大多数人都很熟练。如果算上"一般"，新老农民工都有90%以上的人会说老家话，其中达到"很熟练"水平的都在60%以上，尤其是老一代农民工，达到了70.6%。这说明，汉语方言在农民工的语言生活中仍具有较大的市场。不过，本次调查中，新老农民工中都有少数几个人"一点也不会说"老家话，其中新生代农民工共有5位，老一代农民工只有一位。经调查，这6个人都是很小的时候被父母带入城市，基本上都是在城市长大的，其中那位老一代农民工，虽然不是"80后"，但出生于1979年，4岁时随父母进城，父母在城市做小生意。对于这些人而言，只有逢年过节时，才会随父母回老家待上几天。显而易见，这些人与老家已日渐疏远，不会说老家话亦在情理之中。

简单地目测表4.1中的数据，新老农民工的语言能力似乎也存在这样一些差异：（1）新生代农民工比老一代有更多的人会说普通话，而老一代农民工则比新生代有更多的人会说老家话；（2）如果算上"一般"，新生代农民工的普通话水平总体要比老一代高，但在"很熟练"层次上则稍逊老一代；（3）对于老家话，新生代农民工无论是在总体上，还是在"很熟练"层次上都不如老一代；（4）对于打工所在地方言，老一代农民工要比新生代稍强，有5%的人达到了"一般"与"很

---

① 在上海、厦门，有些小型的制鞋厂、服装厂等，会将某些不得不靠手工完成的工作，如在女式凉鞋上或缝上或缠绕一些装饰品，外派给一些赋闲在家的人做，做完后再收回厂里完成其他工序，一般按件按质付给报酬，不管其他。

熟练"的水平。

新老农民工虽然存在这些差异,但审视表 4.1 所列数据,不难发现,新老农民工之间的差异都比较小。除了在"老家话水平"上,新老农民工的各项指标差异稍大外,其他变量的各指标,差距都不到 3%。那么,新老农民工之间的这些差异,是真的差异呢,还是由于样本误差所造成的呢?为此,我们进行了双样本平均差的 z 检验,相关数据见表 4.2。该表所列数据不仅显示了新老农民工在语言水平上是否存在显著差异,也进一步细化了表 4.1 的相关内容。从中可以看出,新老农民工只是在"老家话水平"上存在显著差异。在"老家话水平"上,新老农民工的均值都在 3.5 以上,其中老一代农民工又高于新生代,这说明新老农民工的"老家话水平"虽然总体情况良好,维持在"一般"以上并偏于"很熟练",但也出现了一定程度的萎缩,新生代农民工的老家话水平已明显不如老一代。而在其他各项,新老农民工都不存在显著差异:(1)在"会说的语言"上,新老农民工的均值皆略高于 3.0,结合问卷及表 4.1 的赋值看,说明绝大多数农民工都是普通话与老家话的双言者;(2)在"普通话水平"上,新老农民工的均值略高于 3.3,但都不到 3.5,这一指数显然低于他们的老家话水平,说明新老农民工的老家话水平要明显高于他们的普通话水平,他们的普通话水平总体上虽然在"一般"以上,但离"很熟练"尚有不小的差距;(3)在"打工所在地方言水平"上,新老农民工的均值略高于 1.0,这说明农民工普遍性地不会说打工所在城市的方言。

表 4.2　　　　　新老农民工语言能力比较之检验结果

	会说的语言		普通话水平		老家话水平		打工所在地方言水平	
	均值	方差	均值	方差	均值	方差	均值	方差
新生代农民工	3.12	0.96	3.34	0.29	3.55	0.43	1.12	0.21
老一代农民工	3.10	0.65	3.31	0.37	3.67	0.29	1.16	0.29
z 值	0.19		0.59		−2.22*		−0.84	

注:显著水平* $\alpha \leq 0.05$。

至此，我们对新生代农民工的语言能力有了一个大致的了解。与老一代农民工相同的是，新生代农民工基本上是普通话与老家话的双言者，一般不会说打工所在城市的方言，其普通话水平较为一般，但老家话水平相对较高；与老一代农民工不同的是，新生代农民工的老家话水平则又明显逊于老一代。

二 新生代农民工的语言习得

那么，农民工的语言能力是通过怎样的途径习得的呢？本课题也对此展开了调查，考虑到没有多少人会说打工所在城市的汉语方言，我们在调查时只涉及普通话与老家话这两种语言变体的习得情况。需要说明的是，普通话是国家共同语，通行全国，而老家话只是一种汉语方言，一般流行于地方。考虑到这一特点，我们在调查这两种语言变体的习得情况时，所设计的问题并非完全一致而是存在一点小区别：普通话习得中有"在城里自然而然学会的"这一选项，而老家话习得中有"在老家自然而然学会的"这一选项，其他选项则一样，其中"其他"选项需要被试作出具体说明。本次调查的具体情况及相关数据见表4.3，通过此表可以发现，新老农民工在语言习得方面主要具有以下几个共同的特征：

表4.3　　　　　　　新老农民工语言习得情况及赋值

问题	答案	赋值	新生代农民工 人数	%	老一代农民工 人数	%
A. 您是如何学会普通话的？	在学校学会的	1	140	52.8	88	40.4
	在城里自然而然学会的	2	111	41.9	127	58.3
	通过电视等媒体学会的	3	17	6.4	13	10.2
	家人（如父母等）教的	4	6	2.3	0	0.0
	其他	5	4	1.5	0	0.0
B. 您是如何学会老家话的？	在学校学会的	1	23	8.7	5	2.3
	在老家自然而然学会的	2	239	90.2	204	93.6
	通过电视等媒体学会的	3	0	0.0	0	0.0
	家人（如父母等）教的	4	38	14.3	51	23.4
	其他	5	11	4.2	4	1.8

首先，新老农民工的普通话基本上是在学校和在城里自然而然学会的。由表4.3来看，90%以上的农民工都是通过在学校的学习或在城市的工作、生活中自然而然学会普通话的；电视等大众媒体对于普通话的学习也有一定的作用，但很有限，新生代农民工只有6.4%的人选择了此项，老一代农民工则稍强，但也只有10.2%的人；受父母等家人的教育而学会普通话的则微乎其微。有意思的是，有4位新生代农民工选择了"其他"项，他们所做的说明是，"老家说的就是普通话"或"老家说的和普通话很接近"等。这或许存在这样两种可能：（1）主观上，他们并不能区分普通话与老家的汉语方言，认为自己从小说的就是普通话；（2）客观上，他们说的老家话，如一些北方话，确实和普通话差别不大。

其次，新老农民工的老家话基本上都是在老家自然而然学会的。由表4.3来看，90%以上的农民工都是在老家自然而然学会老家话的；父母等家人的教育也起到了不小的作用，不过，这一选项实际上可以涵盖在"在老家自然而然学会的"并不矛盾，因为绝大多数农民工都有在农村老家的生活经历，他们与家人在一起时，受其影响而学会普通话是很正常的，我们之所以还在此列出此项，是考虑到尽可能保持与普通话学习的一致；学校和电视等媒体，对于农民工的老家话习得，其作用比较小，这可以理解，因为国家相关机构一般都禁止在学校和电视等媒体上使用汉语方言。

最后，对新老农民工而言，父母等家人对其老家话的习得比对其普通话的习得具有更大的作用。由表4.3来看，无论是新生代还是老一代，普通话由其父母等家人教的情况极为少见，但老家话由父母等家人教的情况则明显要多，分别达到了14.3%和23.4%，远远多于前者。

除了这几个共同之处，新老农民工的语言习得也存在不小的差别，具体有：

首先，新生代农民工学习普通话的最主要途径是在学校的学习，而老一代则是在城里的工作、生活中自然而然的学习。由表4.3来看，50%多的新生代选择了在学校学习，而近60%的老一代选择了在城里自然而然地学习。这两种途径，前者大致属于被动的学习，带有更多的强制性；而后者则属于主动的学习，带有更多的自发性。如《国家通用语言文字法》第二章第二条就规定"学校及其他教育机构以普通话和规范汉字为基本的教育教学用语用字。……学校及其他教育机构通过汉语文课程教授普通话和规范汉字"。但是,身处城市的农民工没有这样的强制性规定,他们学不学普通话更多地取决于自身在城市工作、生活的实际需要。

其次,新生代农民工比老一代学习普通话的途径更加多样。表4.3所列各项,新生代农民工都有人选,而老一代对后两项则无人选。这其中或许透露出这样的信息,随着普通话的迅速普及,新生代农民工的家人中,尤其是父母,都出现了会说普通话的人,这为新生代农民工从小学说普通话创造了条件,而且普通话的普及也表现在普通话的语音、词汇、语法等成分也逐渐浸入各汉语方言,这使普通话与汉语方言之间的差距正在缩小,这或许就是新生代农民工比老一代更加迷惑于普通话与老家话之间的区别所在。

再次,新生代农民工有更多的人从学校学到了老家话。由表4.3来看,新生代农民工有8.7%的人选择了从学校学的老家话,这比老一代多出6.4%。经进一步调查,这或许和新生代农民工返乡读书有关。新生代农民工中有一部分人儿时随父母生活在城里,并不会说老家话,但之后由于某种原因不能在城市上学或继续上学,父母便将他们送回老家上学,其间便逐渐学会了老家话。相比之下,老一代农民工基本上都是在老家出生、成长起来的,其学校教育也基本上是在老家的中小学完成的,因此,返乡读书的情况在老一代这里就比较少见。

最后,新生代农民工没有老一代那么多人在老家或从家人那里学习老家话。由表4.3来看,虽然新老农民工都有九成以上的人是在老家自然而然学会老家话的,但新生代在这方面则比老一代少了3.4%;老家话由家人教的方面,新生代则比老一代少了9.1%。这在一定程度上反映了在我国农村,汉语方言的传承已出现了一点问题。

新老农民工彼此间的这几点差异是否成立,还需要做进一步的检验。为此,我们进行了双样本平均差的z检验,相关数据见表4.4。从检验的情况看,新老农民工只是在普通话习得方面存在显著差异,但在老家话习得方面却没有。这就意味着:新生代农民工比老一代更依赖学校学习普通话,而老一代农民工则比新生代更多地依靠在城市的工作、生活自然而然地学会普通话;新生代农民工的普通话学习途径比老一代更加多元;在老家话学习方面,新老农民工彼此之间并不存在多大差异,仍主要是通过在老家的生活自然而然学会的。

表 4.4　　　　　　　新老农民工语言习得比较之检验结果

	普通话习得（A）		老家话习得（B）	
	均值	方差	均值	方差
新生代农民工	2.18	1.95	2.85	2.61
老一代农民工	1.89	1.39	3.07	3.01
z 值	2.41*		-1.43	

注:显著水平*α≤0.5。

综上所述,新老农民工的语言能力及习得情况多有相同之处,只是在老家话水平与普通话习得方面存在显著差异,即新生代的老家话水平要比老一代差,同时比老一代更依赖学校学习普通话。这一调查结果多少有点意外,因为国内不少研究,如郭熙等(2005)、张璟玮等(2008)、俞玮奇(2011b)分别在广州、南京、苏州等地调查时发现:普通话更流行于年少者,方言则更流行于年长者。但在农民工群体,我们只发现"方言更流行于年长者"的现象,但未发现"普通话更流行于年少者"的现象。为什么在农民工群体会出现这样的情况?我们将在后文择机进行论述和解释,在此不赘述。

第二节　新生代农民工的语言使用

本节我们将对新老农民工的语言使用进行较为详细的描写、比较,以期发现新生代农民工的语言使用具有怎样的特征。调查、描写的内容虽然包括他们在城市、农村的语言使用,但考虑到他们一年中大部分时光都是在城市度过的,且在城市的工作、生活环境要比在农村老家复杂得多,因此我们的调查、描写将更多地倾向于农民工在城市的语言使用,这一点我们在上一章的因变量"语言使用"部分已有所指出,此次调查的相关数据见表4.5。

两相对比,新老农民工在城市、农村的语言使用具有以下一些共同的特征：

第一，他们在老家一般会使用老家话。由表4.5来看，新老农民工都有94%以上的人在老家一般会使用老家话，使用普通话及其他话的情况极为少见。

表4.5　　　　　　　新老农民工的语言使用情况及赋值

变量名称	赋值	新生代农民工 人数	%	老一代农民工 人数	%
1. 在老家一般使用：					
普通话	1	11	4.2	4	1.8
老家话	2	249	94.3	212	97.3
其他话	3	4	1.5	2	0.9
2. 在城里一般使用：					
普通话	1	237	89.4	198	90.8
老家话	2	22	8.3	16	7.3
其他话	3	6	2.3	4	1.9
3. 在城里遇到老乡时一般使用：					
普通话	1	42	16.8	47	22.9
老家话	2	208	83.2	158	77.1
其他话	3	0	0.0	0	0.0
4. 在城里工作时一般使用：					
普通话	1	248	97.3	201	93.9
老家话	2	5	2.0	13	6.1
其他话	3	2	0.7	0	0.0
5. 在城里的住处一般使用：					
普通话	1	58	22.6	56	26.2
老家话	2	199	77.4	158	73.8
其他话	3	0	0.0	0	0.0

第二，他们在城里一般会使用普通话。由表4.5看，新老农民工中约有90%的人在城里一般会使用普通话，不过这要少于他们在老家使用老家话的比例。这说明，农民工回老家使用老家话要比他们在城里使用普通话更具规律性。

第三，他们在城里遇到老乡时多数情况下会使用老家话。由表 4.5 来看，新老农民工分别有 83.2%、77.1% 的人会对自己的老乡使用老家话，这一比例要少于他们在老家使用老家话的比例；他们中还有不少人在碰到老乡时会使用普通话，比例在 16%—23%，但没有人会使用其他话。

第四，他们在工作时一般会使用普通话。由表 4.5 来看，新老农民工都有极高比例的人在工作时都是说普通话的，分别达到了 97.3%、93.9%，这显然高于他们在城市使用普通话的比例。

第五，他们在城里的住处多数情况下会使用老家话。从表 4.5 来看，回到城里的住处，新老农民工都有七成以上的人会使用普通话，有两成以上的人会使用普通话，没有人会使用其他话。

第六，无论在何种情况下，他们都极少使用其他话。由表 4.5 看，选择"其他话"进行交际的情况较为少见，而从"其他话"所填的具体内容看，无非是"带有家乡口音的普通话"或者"不怎么地道的老家话"之类，这说明，在农民工的语言生活中，普通话与老家话是其最普遍、最重要的交际工具，只不过由于这两种语体的相互影响，使他们有时往往难以区分究竟哪是普通话、哪是老家话而已。

可以说，此次调查所涉及的每一个语言使用变量，新老农民工都表现出基本一致的特点。这其中，"在老家""在城里遇到老乡""在城里的住处"三种情况大致属于内部交际，而"在城里""在城里工作"则属于外部交际，前者的交际圈往往都是关系较为熟悉、亲近的人，后者的交际圈则是关系较为陌生、疏远的人。很明显，无论是新生代农民工，还时老一代农民工，他们在内部交际时一般会使用老家话，而在外部交际时一般会使用普通话。

不过，仅从表 4.5 中数据看，新老农民工在语言使用上也存在一些不同之处，具体如下：

第一，在老家，新生代农民工比老一代更多地使用普通话、更少地使用老家话，二者分别相差 2.4% 和 3.0%。

第二，在城里，新生代农民工比老一代更少地使用普通话、更多地使用老家话，二者分别相差 1.4% 和 1.0%。

第三，在城里遇到老乡时，新生代农民工比老一代更少地使用普通话、更多地使用老家话，二者相差皆为6.1%。

第四，在城里工作时，新生代农民工比老一代更多地使用普通话、更少地使用老家话，二者分别相差3.4%和4.1%。

第五，在城里的住处，新生代农民工比老一代更少地使用普通话、更多地使用家话，二者相差同为3.6%。

不难看出，新老农民工的这些差别在数据上相差不多，基本都在1%—4%，只是在第三个变量"在城里遇到老乡时"，差距稍大，达到了6.1%。为了更直观地观察新老农民工在语言使用上的差别，我们以表4.5中的数据为基础制作了一个柱状图（见图4.1）。需要说明的是，由于新老农民工选择使用"其他话"的情况比较少见，甚至没有，因此该图并不包括农民工使用"其他话"的情况；图中的"1新""1老"分别指的是新老农民工回答表4.5中的第一个问题，即"在老家一般使用什么话"的数据柱，其他以此类推。

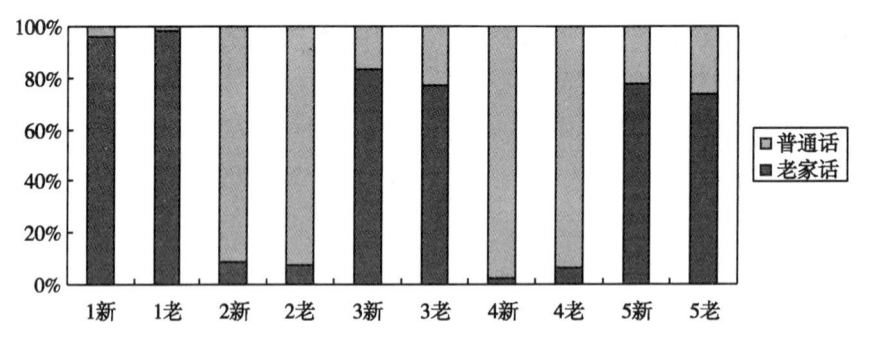

图4.1 新老农民工语言使用情况对比

通过图4.1，我们可以非常清楚地看到新老农民工在语言使用上的同或异。一方面，他们在语言使用上有着高度一致的特征：在某个变量上，当新生代农民工高比例地使用普通话时，老一代也会高比例地使用普通话；当新生代高比例地使用老家话时，老一代也会高比例地使用老家话。另一方面，该图也让我们直观地看出普通话与老家话有着明确的分工：在1、3、5变量，即在内部交际中，新老农民工一般会使用老家话，而在2、4变量，即在外部交际中，新老农民工一般会使用普通话。当然，从每对数据柱看，新老农民工对普通话和老家话的使用也各有差异，就像前文所叙的那样，但这些差异是否为真的显著差异，还需要做进一步的检验。为此，我们基于新老农民工语言使用的相关数据做了一次双样本平均差的 z 检验，检验结果见表 4.6。

表 4.6　　　　　　　新老农民工语言使用比较之检验结果

	变量 1		变量 2		变量 3		变量 4		变量 5	
	均值	方差	均值	方差	均值	方差	均值	方差	均值	方差
新生代农民工	1.97	0.06	1.13	0.16	1.83	0.14	1.03	0.05	1.77	0.18
老一代农民工	1.99	0.03	1.11	0.14	1.77	0.18	1.06	0.06	1.74	0.19
z 值	-0.94		0.52		1.62		-1.18		0.90	

注：显著水平 *α≤0.05。

从表 4.6 来看，各变量的检验 z 值，其绝对值都小于双尾临界值 1.96，这意味着新老农民工的语言使用彼此之间并不存在显著差异，也就是说，我们刚才针对新老农民工语言使用情况所列的那些差异其实并不成立。这一结果更加令人意外，因为它实际上推翻了我们之前所做的一个假设，即新生代农民工与老一代在语言使用上是有差异的，新生代农民工有可能比老一代更加认同城市并因此更有可能使用普通话。而且这一结果也有悖于前文提及的现象，即"普通话更流行于年少者，汉语方言则更流行于年长者"。然而，面对这样的意外，我们不免会产生这样的疑问：新老农民工语言使用上的高度一致，究竟只是我们此次调查的结论比较个别呢，还是我国农民工群体本身所具有的一种特性呢？要回答这一问题，就不能不将我们此次调查到的东西与中国农民工的语言使用现状综合在一起来看，或具体点说，就不能不将此次调查与其他学者所做的农民工语言使用调查结合在一起看。

第三节　中国农民工的语言使用现状

从公开发表的文献看，我国关于农民工语言的调查、研究大约始于 2004 年，即从谢俊英（2004）的《在京务工人员语言状况调查与分析》开始的。其中，关于农民工语言使用情况的调查研究占据了绝大多数。2012 年，本人曾通过中国知网的搜索以及本人平时的收集，共获得 2006—2011 年这方面的论文 36 篇①，将其分门别类后不难发现，绝大多数都和农民工的语言使用有关（具体见表 4.7）。

表 4.7　2006—2011 年关于农民工语言研究各类论文的数量及比例

类　型	话语分析类	语言使用类	语言态度类	语言学习类	语言本体类	理论探讨类
篇数	2	29	21	14	8	4
比例	5.5%	80.5%	58.3%	38.9%	22.2%	11.1%

由表 4.7 来看，关于农民工语言研究的论文八成以上都和语言使用有关。如果对论文的内容做进一步的分析，就会发现，除了话语分析②类外，其他所有的论文都是围绕农民工的语言使用而展开的：语言使用类固不必说，语言态度类是为了说明农民工语言使用的心理动机，语言学习类是为了说明农民工语言使用能力的何以获得，语言本体类主要是从微观视角进一步说明农民工的语言使用，理论探讨类则期望从农民工的语言使用案例中有理论发现。正因为如此，语言态度类 21 篇论文中有 20 篇、语言学习类 14 篇论文中有 13 篇、语言本体类 8 篇中有 5 篇、理论探讨类全部 4 篇都涉及农民工的语言使用（付义荣，2012）。虽然这不是我国农民工语言研究的全部，但也能够反映出我国当前农民工语言研究的一个基本特征，即以农民工的语言使用为主要研究内容。农民工研究的这一基本特征为我们全面了解农民工群体的语言使用（包括其语言能力、习得等）提供了方便，为此我们尽可能多地搜集了这些调查，将其中涉及农民工语言使用的数据或结论进行摘录或整理。对照这些数据或结论，便可知晓我们此次调查所揭示的情况是个别的还是一般的。

表 4.8、表 4.9 所列就是我们所能搜集到的相关文献，前者所涉都

---

①　这些论文大致有 4 种形式：学术期刊的，论文集里的，著作中的某一章节，学位论文。其中，有作者会将自己的学位论文拆分、整理后发表于学术期刊或其他场合，这时我们将只统计其学术期刊或其他场合的论文。

②　话语分析，亦被称为（Critical Discourse Analysis, CDA），这是批评语言学（critical linguistics，国内亦有人将此译为批判语言学）的一个重要概念。批评语言学的目的就是通过分析话语的内容和形式来揭示话语如何在意识形态上受权势关系的影响以及自身又如何影响权势关系。（参见：戴维·克里斯特尔，2000；陈丽江，2006）

是农民工的语言能力及习得，后者则是农民工具体的语言使用。从这两个表来看，关于农民工的语言调查至少有17次之多，它们都是由不同的学者在不同的地点实施的，既有沿海城市，也有内陆城市，甚至还有农村，调查时间从最早的2004年（如谢俊英，2004）一直延续到2015年（如黎红，2015），① 下面我们就对这些调查逐类进行深入的分析。

一　中国农民工的语言能力及习得

虽然在调查时间、地点、方法、样本以及调查实施者等方面都不一样，但从表4.8所列的诸多数据或结论中，我们仍可归纳出这些调查所揭示出的基本情况。

表4.8　国内学者关于农民工语言能力和习得的调查数据或结论

序号	文献来源	调查地点	调查数据或结论
1	谢俊英（2004）	北京	(1) 语言能力：90%以上的农民工具备了用普通话交际的能力 (2) 语言习得：不详
2	谢晓明（2006）	武汉、长沙、广州、深圳、东莞	(1) 语言能力：近35%的人根本不会讲普通话，约40%的人会说乡音很重的"普通话"，能够用普通话与他人顺利交流的不到1/4 (2) 语言习得：不详
3	夏历、谢俊英（2007）	北京、南京	(1) 语言能力：98%的以上的人能用普通话与老家话与人交谈 (2) 语言习得：学习普通话的主要方式依次是"社会交往""学校学习""看电视、听广播"；通过培训班学习普通话的最少，只有2.35%
4	力量、夏历（2008）	南京市	(1) 语言能力：95%左右的人会使用普通话与老家话 (2) 语言习得：不详
5	刘玉屏（2008）	义乌市	(1) 语言能力：绝大部分都是普通话与老家话的双言者，高达96.46% (2) 语言习得：学习普通话的最主要方式分别为：学校学习（70.29%）、工作关系（67.68%）、社会交往（63.13%）、看电视/听广播（46.97）

---

① 一篇调研性论文在公开发表之前，往往要经历设计、调查、撰稿、投稿、审稿等一系列流程，因此论文最后发表的时间一般要滞后于调查的时间。

续表

序号	文献来源	调查地点	调查数据或结论
6	刘玉屏、侯友兰（2008）	绍兴市	（1）语言能力：100%的农民工都会说老家话，98%的会说普通话，会当地绍兴话的仅有5%，且水平比较低；其中，既能说老家话又能说普通话的98% （2）语言习得：老家话都是受家庭影响自然学会的；关于普通话的学习，87.5%的人选择了"学校学习"，53.5%的选择了"社会交往"，44.5%的选择了"看电视、听广播"，43%的选择了"工作交往"，6.5%的选择了"受家人影响学会"，1%的选择了"其他方式"
7	付义荣（2010）	安徽省无为县傅村	（1）语言能力：1/3的农民工能用普通话与人顺利交流，但所有人都能听懂普通话；基本不会说打工所在地的方言 （2）语言习得：通过从事开放性的职业学会普通话
8	刘玉屏（2010a）	义乌市	（1）语言能力：农民工会说的语言主要是老家话与普通话，其中会说普通话的占94.46；对义乌话，会说一些日常用语的占13.13%，基本或完全不会说的合占84.85% （2）语言习得：打工经历让很多农民工学会普通话或提高了普通话水平
9	莫红霞（2010）	杭州市	（1）语言能力：81.5%的农民工同时掌握了普通话与老家话，甚至有17.5%的农民工在此基础上还会杭州话或其他方言，单语人仅占0.5%；老家话保持得比较好，极少数出现退化现象；杭州话水平普遍比较差 （2）语言习得：不详
10	曹进、曹文（2011）	兰州市	（1）语言能力：大部分农民工都会说普通话与老家话，其中23—30岁的农民工，87%的人能流利地使用普通话 （2）语言习得：受教育程度的提高、电视等传播媒介的普及推动了普通话的学习与应用
11	樊中元（2011）	南宁、桂林、柳州	（1）语言能力：男女农民工均有50%以上的人普通话水平达到"一般"及之上，只有12%的人还不会说普通话 （2）语言习得：不详
12	林伟（2011）	山东省东平县宿城村	（1）语言能力：关于老家话，99.4%的人能熟练使用，0.6%的人基本能交谈；关于普通话，47.4%的人能熟练使用，44%的人基本能交谈，6.3%的人会说一些简单用语，2.3%的人基本不会说；关于工作地方言，8%的人能熟练使用，22.3%的人基本能交谈，44%的人只会一些简单用语，25.7%的人基本不会说 （2）语言习得：关于普通话，41.1%的人选择是"在工作中学习"，21.7%的人是"学校学习"，8.6%的人是"看电视广播"，7.4%的人是"受家庭影响"；关于老家话，基本上都是从小受家庭影响学会的

第四章 新生代农民工的语言使用　　65

续表

序号	文献来源	调查地点	调查数据或结论
13	张先亮 赵思思 （2011）	嘉兴市	（1）语言能力：92.6%的农民工，其普通话达到"基本能交谈但乡音较重"及之上的水平；老家话水平呈现退化趋势；会说嘉兴话的农民工不多 （2）语言习得：打工经历让一部分农民工学会了普通话或提高了原有的普通话水平；进城前，电视、广播等媒体为他们培养了一定的普通话能力
14	贺凤秀 （2012）	南宁、桂林	（1）语言能力：农民工进城后，普通话水平显著提高，普通话说得"好"与"比较好"的共占了70%以上 （2）语言习得：通过学校学习或城市打工的经历学会普通话
15	王　欣 （2012）	西宁市	（1）语言能力：几乎都是老家话与普通话的双言人，其中对于普通话，几乎都具备"听"的能力，但在"说"方面则存在较大差异 （2）语言习得：不详
16	高小焱 （2014）*	济南市	（1）语言能力：9成以上的新生代农民工会说普通话与老家话 （2）语言习得：不详
17	黎　红 （2015）*	宁波市	（1）语言能力：一般都会说普通话与老家话；能熟练或比较熟练地讲宁波话的占30.02% （2）语言习得：不详

注：本表及表4.9均是作者的第一手数据，若有文献只是引用他人的调查数据或结论，将不被列入；若作者在其不同文献中使用自己同一次调查的数据或结论，我们只采用其最早发表的文献。

本表及表4.9所列文献，对于农民工老家的汉语方言，有的称为"老家话"，有的称为"家乡话"，我们一律使用"老家话"以保持一致。

各文献按发表年度排序，年度相同则按作者姓名的汉语拼音排序；标注 * 者为新生代农民工调查。

首先，普通话在农民工群体非常普及。从表4.8来看，农民工的普通话普及率相当高，少则七八成，多则九成以上的农民工都会说普通话，只有在谢晓明（2006）、付义荣（2010）和樊中元（2011）的调查中，普通话的普及率似乎比较低。在谢氏和付氏的调查中，分别只有1/4和1/3的农民工能用普通话与人顺利交流。不过，这两项数据看似很低，但"能用普通话顺利与人交流"与"会说普通话"并不是同一水平层次的概念，前者要求更高，因为牵涉到说话双方，而后者更多是针对自己的。更何况在谢氏的调查中，如果将40%会说乡音较重的普通话算在"会说普通话"之列（其实，我国绝大多数人所说的普通话多多少少都带有一点乡音,普通话说得完全标准、不带任何乡音的人是极为罕见的),那普通话普及率也是可观的,至少在60%以上;在付氏的调查中,所有进城务工的傅村人都是能听懂普通话的。在樊中元(2011)的调查中,虽然只有一半农民工,其普通话水平达到"一般"及之上,但从语言使用看,在与陌生人、市场、找工作、公交车上等各类场,使用普通话的农民工都占了75%以上,有的甚至接近90%(见表4.9)。可见,樊氏所调查的农民工,其普通话普及率实际也是比较高的,这与其所说的只有12%的农民工不会说普通话倒是相符。

其次,绝大多数农民工都是普通话与老家话的双言者,很少有人说打工所在地的方言及其他语言或方言。表4.8显示,多数调查都发现,农民工一般都是普通话与老家话的双言者,例如,在夏历与谢俊英(2007)、力量与夏历(2008)、刘玉屏(2008;2010a)及其与侯友兰(2008)、王欣(2012)、高小焱(2014)、黎红(2015)等人的调查中,90%以上的农民工都是既会说普通话也会说老家话;在莫红霞(2010)、贺凤秀(2012)等的调查中,这一比例虽然没有这么高,但也分别达到了81.5%与70%以上。对于打工所在地方言或其他语言,农民工会说的比例显然要低得多。例如,刘玉屏(2010a)的调查发现,对于当地义乌话,农民工中仅有13.13%的人会说一些日常用语,84.85%的人基本或完全不会说;莫红霞(2010)在杭州的调查发现,仅有17.5%的农民工会说杭州话或其他方言,且杭州话的水平比较差;付义荣(2010)、林伟(2011)、张先亮与赵思思(2011)的调查也都发现,能说打工所在地方言的农民工并不多;而在黎红(2015)的调查中,这一比例稍高,但也只有30.02%。

再次,农民工习得普通话的最主要方式就是在城市的打工经历和学校的学习。表4.8显示,共有9项调查涉及农民工的普通话习得。其中一些变量虽然名称不一,但所指的内容则可归为一类,如夏历与谢俊英(2007)的"社会交往",刘玉屏(2008)的"工作关系""社会交往",刘玉屏与侯友兰(2008)的"社会交往""工作交往",付义荣(2010)的"从事开放性的职业",刘玉屏(2010a)的"打工经历",林伟(2011)的"在工作中学习",张先亮与赵思思(2011)的"打工经历",贺凤秀(2012)的"城市打工的经历"等,① 其实都可以归为"农民工在城市的打工经历",也就是我们之前所说的"在城里自然而然学会的"(见表4.3)。如是看表4.8中的数据或结论,不难发现农民工习得普通话的最主要方式就是:"在城市的打工经历"和"学校的学习",只是在具体排序的时候存在差别。例如,夏历与谢俊英(2007),刘玉屏(2008)及其与侯友兰(2008)②,张先亮与赵思思(2012)等,在论及农民工诸多习得普通话的方式时,都将"在城市的打工经历"和"学校学习"排在前两位;付义荣(2010)、刘玉屏(2010a)只提到了农民工"在城市的打工经历",而贺凤秀(2012)则将"学校学习"排在了"在城市的打工经历"之前。

最后,农民工习得老家话的方式较为单一,主要是受家庭影响而学会的。表4.8所列各项调查,绝大多数都未说明农民工是如何习得老家话的,这或许是因为学者们都认为这是件不言而喻的事,无须作为一个项目来调查。但也有一些调查做出了说明,如刘玉屏与侯友兰(2008)认为农民工的"老家话都是受家庭影响自然而然学会的",林伟(2011)认为农民工"基本上都是从小受家庭影响学会的",对于其他习得方式都只字未提。可见,相对于普通话的习得,农民工的老家话习得还是较为单一的,而且都是受家庭的影响。

很明显,国内诸多农民工(包括新生代农民工)调查与我们此次调查所揭示的情况几乎如出一辙,这说明关于农民工的语言能力及习得,我们的结论不仅不是个别的,反而是非常普遍的。那么,在农民工具体的语言使用上,我们的结论又怎样呢?下面继续分析。

二 中国农民工的语言使用

表4.9所列的主要是国内诸多调查关于农民工语言使用的相关数据

---

① 虽然有些作者在文中并没有明确说,但联系到这里说的是农民工的普通话习得,再考虑到农民工极少在农村使用普通话的实际情况,因此可以认为这里的"社会交往""工作交往"或"工作关系"等指的就是在城市的"社会交往""工作交往"或"工作关系"。

② 虽然刘玉屏等人在论文中都将"学校学习"排在了首位,但若将"社会交往"与"工作关系"或"工作交往"等的数据加起来,则显然超过"学校学习"。所以在这些调查中,仍旧是"在城市的打工经历"排在首位。

或结论,从中不难总结出这样一些基本情况。

表4.9 2004—2015年国内学者关于农民工语言使用的调查数据或结论

序号	文献来源	调查地点	调查数据与结论
1	夏历、谢俊英(2007)	北京 南京	农民工在家乡时,除和老师外,使用方言的频率都在70%以上,使用普通话的频率很低,一般都在10%以下;进城后,农民工同时使用普通话和老家话两种语言变体,普通话和老家话分别是其外部、内部交流工具
2	高莉琴、李丽华(2008)	乌鲁木齐	对顾客使用家乡普通话,对家人和同乡使用老家话;一般不用乌鲁木齐当地的任何一种语言,如新疆普通话及其他民族语言
3	夏历(2008)	南京	和家人、朋友交谈时以老家话为主,和同事、顾客以及在公共场所与他人交谈时,以普通话为主
4	刘玉屏(2008)	义乌市	大部分农民工打工期间以使用普通话为主,老家话主要在家庭内部、老乡之间使用;跟父母、配偶、子女、老乡等交谈多使用老家话,选用比例分别为99.49%、89.21%、77.45%、83.84%,跟非同乡农民工、本地熟人、陌生人、本地集贸市场、去政府办事、去医院看病、在单位谈工作选用普通话的比例都在90%以上
5	刘玉屏、侯友兰(2008)	绍兴市	跟父母、妻子、子女等交流时,分别有99%、98、89.9%的农民工会选用老家话,选用普通话的极少,分别为4.5%、2%、4.6%;跟老乡交谈时选用老家话、普通话、绍兴话的农民工比例分别为97.5%、2.5%、0.5%;跟非同乡的同事、本地熟人、陌生人、本地集贸市场、去政府部门办事时选用普通话比例都在96%以上,而选用老家话的仅在2%—3%,选用绍兴话的仅在0.5左右,甚至没有
6	胡伟(2009)	广州市	在老家时,与家人、朋友等交谈时使用老家话的频率都在70%以上;在广州时,与家人、朋友等交谈时使用老家话的频率分别为62.45%和42.89%,使用普通话的频率均低于20%,使用粤语的频率则在24%以上
7	付义荣(2010)	安徽傅村	与本村人、老乡以及其他说相同方言的人时,一般会说老家话;其他情况下则一般会说普通话
8	刘玉屏(2010a)	义乌市	跟配偶、子女、老乡交谈时,选用老家话的农民工占了92%以上,选用普通话的则只有30%—45%;跟陌生人、本地熟人、非同乡同事或去本地集贸市场购物、政府部门办事、医院看病、单位工作时,选用普通话的占了95%以上,选用老家话的基本上都在10%以下
9	莫红霞(2010)	杭州市	农民工打工期间三种语言变体按使用频率从多到少排列依次为:普通话>老家话>杭州话,其中普通话的使用比例高达89.2%,打工期间,老家话和普通话处在分存并用的局面,老家话成为维系家庭和乡土情感的内部交流语言,而普通话则成为工作生活必不可少的外部交际语言;回到老家时,还是使用老家话为主

续表

序号	文献来源	调查地点	调查数据与结论
10	夏历（2010）	沈阳市	和家人、朋友等交谈时，说老家话和普通话的人都在40%左右；在工作中和同事、顾客交谈时，说普通话的比例相对较高，但比说老家话并不占绝对优势
11	樊中元（2011）	南宁、桂林、柳州	在家庭中，使用老家话、普通话的农民工分别占97.1%、2.9%；与同乡交流时，使用老家话、普通话的分别占92.5%、7.5%；和同事交流时，使用老家话、普通话的分别占47.3%、52.7%；和陌生人交流时，使用老家话、普通话的分别占21.8%、78.2%；在市场，使用老家话、普通话的分别占12.6%、87.4%；找工作时，使用老家话、普通话的分别占11.2%、88.8%；在公交车上，使用老家话、普通话的分别占23.5%、76.5%
12	林伟（2011）	山东省东平县宿城村	在老家时，不管什么场合，老家话的使用频率都是最高的，但普通话的使用频率非常低。在外务工时，普通话与老家话出现了明显的分工。在和"家人""同乡同事"说话时，以家乡话为主，在和"非同乡的同事""大型商场买东西"以及在"邮政、银行、政府机关等部门"说话时，以普通话为主
13	陈晨（2012）*	东莞市	与老乡交往时用老家话；在工作场合与其他同事交往时使用普通话
14	贺凤秀（2012）	南宁、桂林	进城前，老家话是主要交际语言，普通话很少用或者不用；进城后，老家话成为有地缘或血缘关系的人之间主要使用的语言，而普通话则成为在工作岗位或公共场合主要使用的语言
15	王欣（2012）	西宁市	与家人、朋友交谈时，老家话的使用频率分别为80.8%、76.5%，普通话使用频率不到10%；在各公共场所，普通话的使用频率均在85%以上，几乎不使用老家话
16	高小焱（2014）*	济南市	对非正式场合、熟悉关系的交流对象多选择家乡母语，在正式场合、一般关系的交流对象则选择使用普通话
17	黎红（2015）*	宁波市	在工作、消费场或与当地居民交往时，多数农民工主张使用普通话或宁波话，但由于会说宁波话的比较少，实际使用的仍旧是普通话，在此极少使用老家话，只有在与家人交往时，绝大多数才会使用老家话

注：各文献按发表时间排序，时间相同则按作者姓名的汉语拼音排序；标注*其调查对象为新生代农民工。

第一，在农民工的语言生活中，普通话主要用于外部交际，老家话主要用于内部交际。虽然具体数据或结论的表述上并不完全一致，但表4.9中的绝大多数调查都支持这一观点，只有夏历（2010）的调查有些特别，她调查的是沈阳市农民工，结果发现：在与家人、朋友的内部交际中，老家话与普通话的使用都在40%左右，而在与同事、顾客等的外部交际中，普通话的使用只是稍高于老家话。这与其他调查所显示的情况显然存在极大的差异，像刘玉屏与侯友兰（2008）的调查显示：跟父母、妻子、子女、老乡等交流时，大致九成以上的农民工都会使用老家话，只有不到5%的人才会使用普通话；跟非同乡的同事、本地熟人、陌生人以及其他公共场合时，普通话使用比例会在96%以上，而使用老家话的比例仅在2%—3%。还有像夏历与谢俊英（2007）、刘玉屏（2010a）、樊中元（2011）、王欣（2012）等的调查都显示，普通话、老家话在农民工的语言生活中有着非常明显的分工。然而，通过进一步的了解，夏历看似"特别"的数据和结论并不特别。据夏历（2010）自己解释，沈阳市农民工的语言使用之所以与其他地方不一样，是和该市农民工的来源有关，他们中的60%来自东北三省；由于东北话与普通话较为接近，所以很多农民工认为自己所说的东北话就是普通话。可见，在沈阳的农民工大多数都是东北人，他们来到东北的中心城市——沈阳后，并不是像其他来源地的农民工那样，需要换用普通话才可以进行外部交际，更何况他们中的很多人不能区分东北话与普通话，因此在接受调查、需要对这两个选项进行选择的时候，就会显得更加随意。这样来看，夏历的调查数据或结论并不是对其他调查的一次否定，而是一次很好的补充，它让我们意识到，农民工的来源地与迁入地如果使用同样的方言，或其所用方言与普通话高度相似的时候，就会出现上述"特别"的状况。

第二，农民工极少使用其他语言或方言进行交际。表4.9中不少调查也涉及了农民工使用其他语言或方言，尤其是打工地方言的相关情况，其数据或结论也非常一致，即很少有人会使用其他语言或方言，这与农民工极少会说其他语言或方言的情况是相符的。如高莉琴与李丽华（2008）在新疆乌鲁木齐的调查发现，那儿的农民工一般不用乌鲁木齐当地的新疆普通话或其他民族语言；刘玉屏与侯友兰（2008）在绍兴的调查发现，那儿的农民工使用绍兴话的仅在0.5%左右；莫红霞（2010）在杭州的调查发现，那儿的农民工使用最多的是普通话与老家话，使用最少的是杭州话；还有黎少红（2015）对宁波市新生代农民工的调查也发现了类似的情况。诸多调查中，只有胡伟（2009）的调查结果比较特别，该调查显示，在广州的农民工与家人、朋友等交谈时虽然使用最多的是老家话，但使用粤语的比例也比较高，达到了24%，竟比普通话的使用比例（不到20%）还要高。这是为什么？据胡伟（2009）的调查，在广州的农民工有59.39%来自广东本省，9.2%来自广西，也就是说在广州市，有2/3以上的农民工来自两广，而这些农民工的老家话其实就是粤语。这就是说，广州市农民工与其他地方的农民工一样，内部仍然多使用老家话，只不过大多数农民工的老家话与打工所在地——广州市的当地方言是一样的，都是粤语！很明显，胡伟（2009）的调查与夏历（2010）的调查实际上是一回事，仍旧只是一次补充，并没有改变我国农民工极少使用其他语言或方言，尤其是打工所在地方言的基本事实。

国内诸多调查所揭示的上述情况与我们此次调查揭示的情况仍旧是一致的。这意味着，我们此次关于新老农民工在语言能力、习得和使用状况等的发现不但不是"个别"的，而是很具普遍性的，它真实地反映了我国农民工（包括新生代农民工）的语言状况。

第五章　新生代农民工的社会认同

本章将针对新生代农民工的社会认同进行描写与分析，我们仍将沿用与老一代农民工进行比较的方式展开。按我国社会学界对社会认同操作化的基本逻辑：农民工是基于对城乡差异、城市居民与农村居民差异的认识，有了他群与我群的区别，从而产生对目前自身身份的认知，对自身所属群体的情感归属意识，最后在种种因素影响之下，行动者产生对未来自己身体归于何方的意识（王毅杰、倪云鸽，2005）。考虑到"城乡差别"是中国社会最为显著的特征之一，对于流动于城乡的农民工来说，一般都能意识到城乡间的巨大差异。因此，我们不打算在此考察他们对城乡差别的认知情况，而只是针对他们的身份认知、情感归属和未来身体归属进行调查和描写。不过，与社会语言学关于农民工语言使用情况的调查研究相比，社会学关于农民工社会认同的调查研究要早得多，也丰富、深入得多，这一点我们在第一章就有所交代。这就意味着我们不能再像上一章那样，几乎穷尽所有的类似调查来印证本调查的发现是否具有普遍性。因为这需要极大的人力和篇章，而且亦无必要这么做，毕竟本课题的目的不是要了解新生代农民工的社会认同，而是试图从社会认同的视角来解释新生代农民工的语言使用。为此，我们只能有选择地、适当地引用社会学中一些重要的调查数据或结论来印证本调查的相关发现。

第一节　新生代农民工的身份认知

身份认知即个体知晓自己是谁，即对自己进行社会分类或划归某社会群体，是社会认同的重要内容，在此基础上，个体才能知晓所属群体赋予自己怎样的情感与价值意义。如此，个体才会建构起自己的某种社会认同。中国农民工是一个较为特殊的群体,他们徘徊于农村与城市,兼有"农民"的(户籍)身份与"工人"的职业。那么,这样一个群体,其身份认知又是怎样的呢?尤其是在面对中国社会自古以来就有的两大群体——"农村人"与"城里人"上,农民工们又是怎样选择和定位的呢?

一 "农村人"与"城里人"

世界著名的中国问题观察家费正清(John King Fairbank)(2000:20)在论述中国的社会结构时曾如此说道:"自古以来就有两个中国:一是农村中为数极多从事农业的农民社会,那里每个树林掩映的村落和农庄,始终占据原有土地,没有什么变化;二是城市和市镇的比较流动的上层,那里住着地主、文人、商人和官吏——有产者和有权势的家庭。那里没有永远不变的社会等级制度,因此从农民地位上升的机会是有的。然而,中国仍然是个农民的国家,有4/5的人生活在他们所耕种的土地上。所以社会的主要划分是城市和乡村,是固定在土地上的80%以上的人口和10%—15%的流动上层阶级人口之间的划分。这种分野仍旧是今天中国政治舞台的基础,使国家统治权难以从少数人手里扩散给多数人。"中国"城乡分野"的这种格局在毛泽东时代随着一系列制度的建立和实施,逐渐演变成更加对立、固化的"城乡分割",城市与农村之间的联系和交流几被国家垄断,个体难有作为。

新中国成立以后,城市就业、居民、住房等面临强大的压力,中央政府开始限制"由乡入城"的人口流动(边燕杰、李颖晖,2014)。其主要做法就是以户籍制度为核心,对全国人口实行"城乡分治"。新中国的户籍制度最早可以追溯到1950年的《关于特种人口管理的暂行办法》和《城市户口管理暂行条例》,但这一时期户口的功能主要着眼于社会治安、公民居住与迁移自由,尚未与社会福利、经济利益挂钩;1953年为应对粮食紧张,中共中央与国务院分别发布《关于粮食统购统销的决议》、《关于实行粮食的计划收购和计划供应的命令》,户口开始呈现出城乡差异,并出现了与利益挂钩的趋势;1954年为配合农村土地改革,我国出台了《内政部、公安部和国家统计局联合通告》,建立了农村户口登记制度,户口逐步与经济利益、社会福利挂钩;1955

年国务院通过《关于建立经常户口登记制度的指示》，开始分城市、集镇、乡村登记户口，并通过《关于城乡划分标准的规定》与《市政粮食供应办法》，户口正式成为享受差异化的经济利益、社会福利的依据；1956年，国务院发出《关于防止农村人口盲目外流的指示》，1957年中共中央、国务院联合发出《关于制止农村人口盲目外流的指示》，户籍制度开始禁止人口的自由迁移；1958年全国人大通过《中华人民共和国户口登记条例》，标志着"黏附经济利益、社会福利并禁止自由迁移"的户籍制度全面形成（陆益龙，2002；张国胜、陈瑛，2014）。1962年，公安部又进一步出台了《关于加强户口管理工作的意见》，强化了从农村迁往城市的限制，并在1963年，依据是否吃国家计划供应的商品粮作为划分户口性质的标准，形成非农户口和农业户口两种户籍身份，严格限制人口自由流动（边燕杰、李颖晖，2014）。此外，1958年8月，中央通过了《关于在农村建立人民公社问题的决议》，由此在全国农村掀起了一场声势浩大的人民公社运动。一直到1978年农村改革之前的20年中，人民公社不仅是农村的经济组织，也是农村基层的政权组织，广大农民的生产经营、社会活动因此受到极大的限制而丧失了主动性、积极性（刘豪兴，2004：99；付义荣，2011：111）。

这一系列制度在中国形成了一个以"城乡分割"为特点的二元社会结构，整个中国因此形成两种基本的社会类型：农村人和城里人。这里的"农村人"就是我们平常所说的"农民"，在二元社会结构下，中国的"农民"不再是一种职业，而是被当作"一种社会等级，一种身份或准身份，一种生存状态，一种社区乃至社会的组织方式，一种文化模式乃至心理结构"（秦晖、思无涯，2002：57）。"农民"这一概念也随之多了另外一层内涵，即"作为一种户籍身份，只有农村户口，以'乡下人'角色与'城里人'相比较，受着一种'二等公民'莫名的歧视"（刘豪兴，2004：36）。实际上，在其他国家，"农民"也是一个与"城里人"彼此参照而存在的社会类型，如法国著名社会学家孟德拉斯（2005：7）就说道："农民是相对于城市来限定自身的，如果没有城市，就无所谓农民，如果整个社会全部城市化了，也就没有农民了。"然而，在人类历史上，像中国这样实施城乡分割管理、农民居于显著下位的情况并不多见。虽然改革开放后，"城乡分割"的局面有所松动，如人民公社、粮食统购统销制度被逐步废除，农民可以进城务工了，甚至城里人也可下乡务农，但原有制度的惯性作用、户籍制度的继续存在，尤其是城乡发展差距的拉大，仍旧使"农民"这一原本中性的概念越发具有沉重的落后色彩。据1999年的一次职业地位调查，50个职业中"农民"的社会声望值排在倒数第5位，而排在最后四位的"纺织工人、保姆、清洁工人、勤杂工"也基本来自农村（李培林等，2004：185）。也正因为"农民"称谓的被污化，我们在问卷中尽可能避免使用这一称谓，而是代以"农村人"这一相对中性的称谓，以免引起被试的反感和抵触，问卷题名用"进城务工人员"来代替"农民工"也是基于这一考虑。

泰弗尔和特勒认为：个体通过社会分类对自己的群体身份产生认同；当代西方思想界著名的哲学家查尔斯·泰勒则认为：一个人不能基于他自身而自我，只有在于某些对话者的关系中，我才是自我。也就是说，社会认同是以社会分类为前提的，而我国在事实及制度上对个体的分类，将人们分为"农村人"与"城里人"，必然会在不同的个体那里产生这样或那样的社会认同（王亮，2010）。当然，对个体而言，制度是一回事，自身认不认同这种制度安排又是另一回事。其实际情形如何，还得从相关数据的分析中一探究竟。

二 新老农民工的身份认知情况及比较

表5.1列举了我们所调查到的数据，从中可以看出，新老农民工的身份认知主要呈现以下共同的特征。

第一，新老农民工大多数人都将自己视为"农村人"而非"城里人"。表5.1显示，农民工，无论新老，大多数人都将自己视为"农村人"，这部分人占了七成左右，仅有一成左右的人会认为自己是"城里人"，还有两成左右的人认同模糊，不确定自己是"农村人"还是"城里人"。很显然，在整个农民工群体中，"我是农村人"是最为普遍的认识，这一点在其他调查中也可得到证实。例如，彭远春（2007）在武汉的调查发现，46.1%的农民工明确认同农民身份，18.6%的不认同农民身份，36.3%的认同模糊；蔡禾等人（2009）在珠三角一些城市的调查发现，72.6%的农民工认为自己是"农民"，其余的认为自己"不是农民";郭星华、李飞(2009)在北京的调查则发现,农民工群体中有56.8%的人认为自己还是农民,21.1%的人将自己定位为半个城里人,只有3.1%的人将自己视为城里人,其他18.9%的人表示不清楚,态度不明朗;类似的调查还有项飚(1998:46—48)、朱力(2002)、朱考金(2003)等,都有类似的结论。此外,一些专门针对新生代农民工的调查也发现了类似的事实。王春光(2001)在杭州等地的调查发现,78.5%的青年农民工认同农民身份,4%的说不清,10.9%的不认同农民身份;郭科等人(2010)在西安的调查则发现,新生代农民工中有59.3%的人认为自己是农村人,仅有11%的人认为自己是城里人,有18.3的人认为自己两者都不是,还有11.4%的人则表示说不清;张祝平(2011)通过在浙江丽水、温州两市的调查发现,新生代农民工中约有60%的人认为自己是农村人,仅12%的人认为自己是城市人,还有28%的人表示"说不清"。这一系列调查都说明,无论是农民工,还是新生代农民工,大多数人都是将自己视为农村人,只有极少部分会将自己视为城里人,处于其间的还有一小部分认同模糊的人。

表5.1　　　　新老农民工的身份认知情况及赋值

变量		新生代农民工		老一代农民工	
名称	赋值	人数	%	人数	%
1. 您认为自己现在是:					
农村人	1	188	70.9	155	71.1
城里人	2	29	11.0	19	8.7
不好说	3	48	18.1	44	20.2
2. 您认为自己属于哪个阶层?					
上层	1	6	2.3	0	0.0
中上层	2	19	7.4	13	6.1
中层	3	86	33.5	89	41.6
中下层	4	71	27.6	43	20.1
下层	5	25	9.7	28	13.1
说不清	6	50	19.5	41	19.1

续表

变量		新生代农民工		老一代农民工	
名称	赋值	人数	%	人数	%
3. 您是否想改变自己的农村人身份?					
想	1	96	36.8	89	41.2
不想	2	47	18.0	39	18.1
无所谓	3	118	45.2	88	40.7

第二，新老农民工多数人将自己定位于中层或中下层，极少有人将自己定位于上层，还有相当比例的人不确定自己属于何种阶层。表 5.1 显示，新老农民工虽然在每一阶层上的具体数字都有差异，但各项数据的排序（由多及少）却惊人的一致，都是：中层 > 中下层 > 说不清 > 下层 > 中上层 > 上层。其中选择"中层"与"中下层""下层"的新老农民工，都在 70% 以上，而选择"上层"和"中上层"的农民工，无论新老皆不足 10%。可见，大多数老民工都将自己定位于中层及其以下，同时也有不少人对于自己的定位还不是十分清楚。那么，他人所做的调查又是如何呢？李培林和张翼（2008）根据 2006 年的"中国社会状况调查"发现，农民工群体中有近 42% 的人认为自己属于"社会中层"[①]。而依据陈慧玲（2012）提供的数据，农民工的认同情况如下（见表 5.2）。

表 5.2　　　　　　　　中国农民工的主观阶层地位认同

主观阶层地位认同	上层	中上层	中层	中下层	下层	不作选择	合计
人数（个）	7	49	589	611	914	30	2200
比例（%）	0.3	2.2	26.8	27.8	41.5	1.4	100

资料来源：陈慧玲（2012）"表6：中国农民工阶层地位对主观阶层认同的解释力"。

表 5.2 显示，认同自己为"中层"和"中下层"的共占了 54.6%，认为自己为"上层"和"中上层"的仅有 2.5%。再看关于新生代农民工的阶层认同的其他调查，表 5.3 是李培林和田丰

[①] "中国社会状况调查"是由中国社会科学院社会学研究所于 2006 年 3—5 月组织进行的，该调查覆盖全国 28 个省市自治区的 130 个县（市、区）、260 个乡（镇、街道）、520 个村/居委会，访问住户 7100 余户，获得有效问卷 7063 份，调查误差小于 2%。该调查将社会分为"上层、中上层、中层、中下层、下层"，文中所说的"社会中层"指的就是其中的"中层"。

(2011)依据2008年的"全国社会综合状况调查"①所做的统计,由该表来看,新老农民工的阶层认同也主要集中于"中层"与"中下层",两者合计分别为72.9%(新生代)、66.78%(老一代),而认同"上层"与"中上层"的合计分别为6.45%(新生代)、5.79%(老一代),这与表5.1呈现的情况非常一致。综合这些调查来看,农民工阶层,无论新老都明显倾向于中层及以下的定位,虽然亦有一些人不清楚自己的定位,但他们有一点是非常清楚的,即农民工并不居于社会的高位。

表5.3　　　　新生代农民工经济社会地位自评及比较(%)

经济社会地位自评	上层	中上层	中层	中下层	下层	不好说
新生代农民工	0.97	5.48	44.84	28.06	15.16	5.48
老一代农民工	0.57	5.22	36.85	29.93	25.62	1.81

资料来源:李培林和田丰(2011)"表2　新生代农民工经济社会地位自评及比较(%)",引用时对该表的形式有所修正,使之更符合本书的编排。

第三,新老农民工只有一小部分人不想改变自己的农村人身份,但也有很多人表示无所谓。表5.1显示,新老农民工只有约18%的人明确表示不想改变自己的农村人身份,这大大少于想改变这一身份的人,但表示"无所谓"的农民工也占了很大比例,甚至在新生代农民工群体中,表示"无所谓"的人比表示"想改变"的人多了近9%。很显然,在想不想改变农村人身份上,新老农民工的态度还是比较模糊的,这与他们将自己视为农村人的明确态度形成了鲜明的对比。国内其他关于这一问题的调查,其结论也大致如此。郭星华等人(2011:163—165)曾在北京做过一次访谈,访谈的对象既有新生代,也有老一代农民工,在回答"是否想改变自己的身份"这个问题时,他们的回答既有"想"的,也有"不想的",还有"既想又不想"或"无所谓"的,而且这些意思往往夹杂在同一个人的回答中,像下面二则回答就很有代表性:

---

① "全国社会综合状况调查"是由中国社会科学院社会学研究所于2008年5—9月组织进行的,该调查覆盖全国28个省(直辖市/自治区)130个县(市、区),260个乡(镇、街道),520个村/居委会,访问住户7100余户,获得有效问卷7139份,调查误差小于2%,符合统计学推断的要求。

第五章 新生代农民工的社会认同

赵 XD（新生代）：想过，人都想往高处走（笑）。觉得成为（北京市民）最基本得有房吧，最低得几十万，你上哪挣？还得物业费啊，我感觉到累。在农村吧，我挣 1000，2000，就行了吧，你在北京，这个月挣不起钱你就不行。

朱 L（老一代）：无所谓，反正……嗯……就是说有北京户口主要是对孩子成长好一点儿，对我自己没什么，我觉得老了回家也没必要有北京户口，你想孩子在这儿上学的话就好一点儿。

郭星华等人（2011：182）认为这其实反映了农民工的社会认同的复杂性、多维性，在某种程度上又是矛盾的和背离的，它可以在同一个体身上存在，并相互建构，形成社会认同的二重性。其他专门针对新生代农民工的调查也是类似的结论，如许传新（2007b）2006 年对成都城区 28 岁及以下的农民工的调查显示，想改变农民身份的占 42.9%，不想改变农民身份的占 16.2%，对此问题持无所谓态度的占 40.9%；王伟（2012）在长春市的调查显示，新生代农民工中有 33% 的人想改变农民身份，24.3% 的人明确表示不想改变农民身份，其余 42.7% 的人则有些淡漠，认为改不改变农民身份都"无所谓"。这些都说明，无论是新生代还是老一代，在谈到是否想改变自己的农村人身份时，内部差异较大，态度并不明朗，显得非常矛盾和为难，这在他们的情感归属、未来归属中将得到进一步的体现。

除了以上共同之处，我们也注意到了新老农民工在身份认知上的一些差异，具体包括：

其一，新生代农民工比老　代农民工更多地将自己视为城里人，且比老一代更清楚自己的身份。从表 5.1 来看，新生代农民工有 11% 的人将自己视为城里人，这比老一代多出 2.3%，但在"不好说"一项上，又比老一代少了 2.1%；在"农村人"选项上，新生代与老一代，相差无几。

其二，新老农民工在对自己是否属于中层及以下各层方面差异较大。由表 5.1 来看，在对自己进行社会阶层定位方面，新老农民工差距最大的便是在"中层"与"中下层"上，前者新生代比老一代少了 8.1%，后者新生代比老一代又多了 7.5%；同时在"下层"这一选项上，新生代农民工比老一代少了 3.4，在其他各选项上差距相对较小，尤其在"不好说"一项，仅差0.4%。这说明新老农民工总体上都不认为自己身居高位，但对自己究竟归于中层及以下哪个阶层方面还是存在不小的分歧。

其三，在是否改变农村人身份上，新生代农民工比老一代显得更无所谓，而老一代则比新生代更倾向于改变。表5.1显示，在"是否想改变农村人身份上"，新生代农民工表示"想"的比老一代少了4.4%，但表示"无所谓"的则比老一代多了4.5%。

不过，新老农民工之间的这些差异还需做进一步的检验方能确认。为此，我们做了双样本平均差的z检验。结果（见表5.4）显示，新老农民工在身份认知上彼此间并不存在显著差异。这意味着，我们刚才所列的新老农民工在身份认知上的那几点差异，其实只是抽样误差所致，并非是事实上的差异。

表5.4　　　　新老农民工身份认知情况比较之检验结果

	变量1		变量2		变量3	
	均值	方差	均值	方差	均值	方差
新生代农民工	1.47	0.61	3.93	1.72	2.08	0.81
老一代农民工	1.49	0.66	3.98	1.56	1.99	0.82
z值	-0.26		-0.36		1.07	

注：显著水平* $\alpha \leq 0.05$。

通过新老农民工之间的数据对比，我们对新生代农民工的身份认知特征有了一个大致的了解。与老一代农民工一样，新生代基本上将自己视为"农村人"而非"城里人"，他们更倾向于将自己定位于社会中层及偏下的位置，对于是否要改变"农村人"身份，内部存在较大的分歧，既有想改变的一面，也有无所谓的一面，但只有一小部分人不想改变，显示出他们的矛盾心理。这一结论与其他调查得出的结论大体一致，并无特别之处，这说明我们此次调查还是可信的，能够反映新生代农民工身份认知的真实情况。

第二节　新生代农民工的归属

前面我们大致了解了新生代农民工的身份认知，如果说这种身份认知主要是农民工对一种外在制度的感知,那么他们的情感归属与未来身体归属将是他们对这种制度安排的内在感受与期待。接下来,我们将着重了解新生代农民工的情感归属与未来身体归属。

一 "归属"概念

按其字面意思,"归属"即"归于、属于"之意。不过,我们在此所讲的"归属"严格意义上讲应该是"归属感",即"归于、属于某种事物的情感和期待"。它是外界环境作用于人而产生的一种内部主观意识,这种作用结果又进一步影响着人在环境中的行为;作为一种社会心理,归属感是介于外界环境与人的行为的一个中间变量,我们要探求人的行为与外界环境的互动关系,往往需要借助这一变量,而且在特定情形下必须借助这一变量才能顺利展开相关研究(米庆成,2004)。

可见,归属感是外界环境作用于个体心理而产生的,也就是说,个体的社会认同并非完全由个体自己决定,而是由其所处的外界环境决定的。泰弗尔和特勒(1986)、查尔斯·泰勒(2001)等学者就认为,社会认同的产生是以社会分类为前提的,是因为有"他者"的存在,才会有"自我"的存在。这意味着,不同的"他者"才会有不同的"自我"。外界环境中,虽然存在着诸多"他者",但在泰弗尔(1978、1981)看来,每个个体的社会认同往往是基于那些冲突明显、社会情境下最突出、心理影响最大的社会类别而展开的。美国社会心理学家克劳德·M. 斯蒂尔(Claude M. Steele)在其畅销书《刻板印象》[①]中就记录了不少这样的案例,其中就有这样两个故事:

(1)布兰特·斯台普斯(Brent Staples)是一名非裔美国人,事发

---

① 克劳德·M. 斯蒂尔(1946—),美国著名社会心理学家,哥伦比亚大学教务长,曾任密歇根大学、斯坦福大学的教授,主要研究方向为:社会心理学、刻板印象威胁、自我肯定和成瘾行为。其《刻板印象》一书,原名为 *whistling vivaldi: how stereotypes affect us and what we can do*,字面意思就是:"口哨吹出的维尔瓦第乐曲:刻板印象如何影响我们,而我们又能做些什么",这源于书中记录的一个故事:一个美国黑人青年,为了应对白人对黑人的偏见,时常用口哨吹出维尔瓦第乐曲,借此缓解或消除白人在见到黑人时的紧张感(见正文故事1)。2014年,该书由我国机械工业出版社翻译出版,书名为《刻板印象》。

时曾在芝加哥大学心理学专业攻读硕士学位,他向作者描述了自己在芝加哥海德公园的一段经历:

> 我简直就是恐惧使者。街上的情侣看见我要么就赶紧拉起手,要么就互相挽起手臂,有些人甚至会走到对侧的街道上去。那些原本正在聊天的人,看见我就马上闭嘴,直勾勾地盯着前方,好像他们只要能避开我的目光就能保全自己的一条性命……
>
> 我试过装傻,我试过对那些几乎要被我吓死的路人微笑,致以晚安的问候。可是我的出现就是对他们最大的侵犯,我怎么能愚蠢地忘记这一点呢?
>
> 我努力表现出自己没有冒犯他们的意思,可是我实在不知道我还要怎么做才能让他们不畏惧我……于是,我开始躲避人群。我会另辟蹊径,走一些很少有人走的小路,省得别人觉得我在跟踪他们……出于紧张我会吹口哨,而且我发现我吹得还不错,我的口哨声音纯净甜美。走在夜幕降临的路上,我会吹一些流行的曲调,比如甲壳虫乐队的歌或者维瓦尔第的《四季》。我的口哨声似乎能驱散路人心中的紧张感,甚至有些人从我身旁走过的时候会在黑暗中对我微笑。(克劳德·M. 斯蒂尔,2014:7)

(2)她是一位美国黑人女性,出生在布鲁克林区,依靠该地区的一个帮扶项目长大成人。虽然她一直是个好学生,但这并没有帮她带来良好的同伴关系。上大学时,那些中产阶级的黑人女孩视她为"希望工程女孩"而不愿意与她来往,白人女孩则因为她是黑人亦与她几乎没什么来往。在此环境中,她时时感受到一个依靠社区帮扶而长大的黑人女孩所遭受的歧视。于是,她来到巴黎。在这儿,黑人身份不再是她的核心身份特征。巴黎人对黑人特别是受过教育的黑人的理解与美国人全然不同,这让她第一次遇见了完整的自己。(同上:91—92)

在这两个故事中,主人公同样都是美国黑人,只是由于所处的外界环境发生了变化,便因此有了不一样的身份感受。之所以如此,是因为前者身处美国芝加哥,那儿的人普遍认为青年黑人男性容易发生暴力行为，黑人与白人的矛盾比较突出，从而使主人公对自己的黑人身份特别敏感（同上：7）；而在后一个故事中，主人公来到了法国，这地方的偏见也不少，但这些偏见所针对的主要是北非移民，幸运的是，她带有美国口音的法语让那些法国人能将她与北非移民区别开来，而其"美国人"身份让她在法国备受礼遇（同上：92）。这两个故事说明，虽然一个人可以有多种不同的社会认同，但在某个特定的外界环境中，只有其中的一部分才会得到凸显。恰如克劳德·M.斯蒂尔（2014：92）所总结的："所有的身份都具有地域性。"

那么，对于中国的农民工而言，当身处于城市这样一种环境中时，他们的哪些身份才会凸显出来呢？这就要看他们所要面对的"他者"是谁了。很显然，农民工进城后直接面对的"他者"便是"城里人"，他们的工作、生活都将不得不依赖这些城里人，且对他们实施政府服务管理的也正是这些城里人。当以"城里人"为"他者"，农民工对"自我"的深切感受自然会集中于自身的地域身份与户籍身份，因为这正是他们之所以为农村人，而城里人之所以为城里人的原因所在。地域身份往往使农民工被当地城里人视为"外地人"，户籍身份则赋予他们与生俱来的"农村人"身份（褚荣伟等，2014）。不只如此，在城市这一外界环境中，最易引发冲突或引起当事人敏感的也正是农民工所具有的"农村人"与"外地人"身份，因为这两个身份都属于消极的社会认同。"农村人"身份自不必言，其在城乡二元体制中的下位属性使其具有社会歧视的意味（郑全庆、顾娟，2007），这在上一节已有所阐述。"外地人"身份也好不到哪里，这一点已被诸多移民研究所证实。罗宾·科恩（Robin Cohen，1987：186—187）针对世界各国的移民遭遇如此概括道：人们往往用移民中某些人的最消极特性——犯罪、偷税漏税、侵蚀福利——来推断和刻画所有移民。威廉·洛维（William Rowe，1989：231）则对此类现象如此分析道："部分是因为移民漂泊不定的地位使得他们显得好像更容易犯罪，有越轨行为，但最根本的是因为他们是外来人，他们滞留在那里，就已经破坏了游戏规则。"对此，美国加州大学欧文分校政治学与社会学教授苏黛瑞（Dorothy J. Solinger，2009：108）不免感叹道："厌恶外来者是全世界的普遍现象。"

鉴于农民工在城市兼具"农村人"与"外地人"这一双重身份的

特点，我们关于该群体的情感归属与未来身体归属的调查也将围绕于此来展开，主要考察他们对"城市或城里人"与"农村或农村人"之间具有怎样的情感倾向，未来又将依托何方。

二 新生代农民工的群体情感归属

从表 5.5 来看，新生代农民工与老一代的群体情感归属存在以下共同之处：

表 5.5　　　　　　新老农民工的群体情感归属情况及赋值

变量名称	赋值	新生代农民工 人数	%	老一代农民工 人数	%
1. 您在城里是否有家的感觉？					
有	1	88	33.2	58	26.6
没有	2	117	44.2	96	44.0
说不清	3	60	22.6	64	29.4
2. 您更喜欢农村还是城市？					
农村	1	78	29.5	46	21.3
城市	2	53	20.0	35	16.2
都喜欢	3	134	50.5	132	61.1
都不喜欢	4	0	0.0	3	1.4

第一，新老农民工多数人在城市都没有"家"的感觉，但表示"有"或"说不清"的人也占相当高的比例。"远走他乡，在城市生活、工作的农民工对于新环境的感觉，尤其是否有'家'的感觉直接关系着其社会认同的状况。"（郭星华，2011：225）表 5.5 显示，农民工，无论新老，表示"有"或者"说不清"的农民工也都达到了两三成，两项数据合计占到了 55% 以上；虽然新老农民工中表示在城市没有"家"的感觉的人最多，其比例都达到了 44% 以上，但与其他两项数据相比较并不占绝对优势，这与农民工表示自己是"农村人"还是"城里人"时形成了鲜明的对比（见表 5.1）。这一点在社会学调查中亦有体现，如郭星华（2011：171—184）通过在北京的调查发现，农民工

的社会认同有时是一致和统一的,如绝大多数人都认为自己是"农村人"而非"城里人",但有时又是矛盾和背离的,如在回答"您觉得自己是北京市的一员吗"时,46.3%的人选择了"不是",36.1%的人选择了"是",还有17.6%的人选择了"说不清",这些数据及其他数据都表示出农民工社会认同的二重性。王春光(2001)在北京市关于新生代农村流动人口的调查则发现,虽然绝大部分新生代农民工认同自己是"农村人",但在回答"您对当地社会是否有一种家的感觉"时,则表示出较大的分歧,其中48.9%的人表示"有一点",36.6%的人表示找不到家的感觉,6.2%的人则没有给明确的回答。

第二,新老农民工对农村和城市难以作出明确的抉择,其中对农村的喜好要高于城市。从表5.5来看,新老农民工中,对城市与农村"都喜欢"的人最多,分别达到所在总体的50.5%、61.1%;对城市与农村"都不喜欢"的人最少,只有老一代中有3人表示既不喜欢农村也不喜欢城市,新生代则没有;处于其间的是对城市与农村的二选一选择,其中对农村的选择要多于城市,新生代中选择农村的比选择城市的多出9.5%,老一代则多出5.1%。两相比较,多数农民工都能适应农村与城市的生活,其中老一代要强于新生代;不过,他们中的很多人对农村和城市都难以作出二选一的明确选择,只是相对来说,选择农村的要多于城市。这些发现与郭星华(2011:219)在北京调查得出的结论基本一致,他认为,农民工对城市和农村的认同大致是相当的,即他们既认同农村,同时也认同城市,但总体上稍倾向于农村。

除了以上共同之处,从表5.5来看,新老农民工在群体情感归属上的各项数据也存在以下一些差异,具体有:

第一,新生代农民工比老一代在城市更有"家"的感觉。表5.5显示,新生代农民工有33.2%的人表示在城市有"家"的感觉,这比老一代多出6.6%。这是否说明新生代农民工比老一代更能融入城市呢?究竟如何,还需要后文做进一步的验证。

第二,老一代农民工比新生代更加"说不清"在城市是否有"家"的感觉。从表5.5来看,老一代农民工有29.4%的人不能说清楚自己在城市是否有"家"的感觉,这比新生代农民工多出6.8%。这是否能说明老一代的群体情感归属更加模糊呢?这一问题同样需要验证。

第三,新生代农民工在表示"更喜欢农村还是城市"时,比老一代更加明确。表5.5显示,新生代农民工在对农村和城市做单项选择时,分别比老一代农民工高出8.2%、3.8%。单从这一数据看,新生代农民工似乎比老一代更能明确他们的情感归属。当然,这也需要做进一步的验证。

第四,老一代农民工比新一代农民工表示出更强的心理适应。表5.5显示,老一代农民工有61.1%的人表示既喜欢农村也喜欢城市,而新生代只有约一半的人如此。在这项数据上,老一代竟比新生代多出10.6%。只从这一数据上,似乎说明老一代农民工在心理上更能适应农村与城市。不过,这一结论同样需要验证。

除了上述差别,新老农民工在表示对城市有家的感觉以及对农村与城市都不喜欢等方面,新老农民工虽不一样,但差别甚微,在此不赘述。那么,上述差别究竟是真的存在,还是样本误差所致呢?为此,我们照例做了一次Z检验(见表5.6)。

表5.6　　　　新老农民工群体情感归属情况比较之检验结果

	变量1		变量2	
	均值	方差	均值	方差
新生代农民工	1.78	0.62	2.20	0.76
老一代农民工	1.84	0.71	2.42	0.69
z值	-0.70		-2.72*	

注:显著水平* $\alpha \leq 0.05$。

由表5.6来看,新老农民工在变量1,即"在城市是否有'家'的感觉"方面不存在显著差异,也就是说,前面所说的第一、第二个差别实际是由样本误差所致,但在变量2,即"更喜欢农村还是城市"方面,z值之绝对值已超过了双尾临界值1.96,这说明新老农民工在这一变量上是存在显著差异的,也就是说,前面所说的第三、第四个差别是真实存在的。这意味着,老一代农民工比新生代具有更好的心理适应能力,至少在心理上能够更加包容城市与农村之间的巨大差异,而新生代在这点上是明显逊色于老一代农民工的。对此现象,社会学家们一般认为，老一代农民工进城之前基本上都有务农经历，比新生代更能吃苦耐劳，加以在城市多年，工作比新生代相对稳定，并有一定的积蓄，甚至月收入也比新生代高，因此，他们比新生代具有更强的农村和城市适应能力（参见钱文荣、黄祖辉，2007：219；马凤鸣，2012）。虽然如此，新老农民工在变量2上仍旧表现出总体相同的特征：他们中最多的都是表示"对农村与城市都喜欢"，其次是"更喜欢农村"，再次是"更喜欢城市"，最后才是"都不喜欢"。可见，新老农民工在变量2上只存在量或程度上的差别，彼此并没有本质的区别。

总之，农民工无论新老，对"农村"与"城市"的群体情感归属不再像其认知自己的农民身份那样明确，其内部分歧还是比较大的；这其中，新生代农民工对"农村"与"城市"的心理适应能力又明显逊色于老一代。群体情感归属如此，那么新生代农民工的未来身体归属又将如何呢？

三 新生代农民工的未来身体归属

关于"您对未来有什么打算"，我们提供的选项虽然比较多、比较具体，但这些选项概括起来无外乎这样三个方面的内容：（1）留在城里（如"在城市买房，成为城里人"等）；（2）回农村老家（包括"赚够了钱就回农村老家""有钱没钱我都想回老家"等）；（3）留城回乡还没想好（包括"走一步看一步，顺其自然""没想过"等）。还有一个"其他"项，但就被试提供的具体内容来看，并没有脱离这些内容。例如，有的被试会写"回家创业""回老家县城买房"，这大致可以归到"回农村老家"；有的会写"在城里发展，但不一定在城里买房"，这可以归到"留在城里"；有的会写"在城里买房，但不在城里住""自己做生意"，这又可以归到"留城回乡还没想好"。这三个方面的内容实际上也概括了农民工群体内部的三种类型，即他们中有想留城的人，有想回老家的人，当然也有举棋不定的人。以此来看表5.7中的相关数据，我们发现新老农民工对于自己的未来仍旧处在一个比较模糊的状态。

表 5.7　　　　　　新老农民工的未来身体归属情况及赋值

变量		新生代农民工		老一代农民工	
名称	赋值	人数	%	人数	%
您对未来有什么打算？					
在城市买房，成为城里人	1	80	30.5	64	29.6
赚够了钱就回农村老家	2	25	9.5	26	12
有钱没钱我都想回老家	3	40	15.3	43	20
走一步看一步，顺其自然	4	98	37.4	63	29.2
没想过	5	17	6.5	9	4.1
其他	6	2	0.8	11	5.1

表 5.7 显示，新生代农民工约有 30% 的人表示"想留城"，约有 25% 的人"想回乡"，还有大约 44% 的人"没想好"；而老一代农民工大约也有 30% 的人表示"想留城"，32% 的人"想回乡"，还有约 33% 的人"没想好"。可见，在新生代、老一代农民工群体中，都有两三成的人想留城市或回农村，但最多的还是"没想好"。这说明，在农民工这一群体中，即便到了新生代这里，仍旧没有显示出明确要留城和回乡的心理特征，总体上仍旧在城市与农村之间徘徊不定。

关于农民工的未来，一直都是我国学术界关注的重点。在社会学领域，学者们虽然在具体的研究目的、方法以及设计的问题上不尽相同，但他们的结论与我们此次调查却是基本一致的。如王春光（2001）在北京的调查发现，在被问及"万一将来的某个时期您在外找不到工作或做不了生意的话，将会怎么办"时，有 26.5% 的人表示"回到农村务农"；7.1% 的人表示继续待在外面，不愿再回去；56.4% 的人或者说"将来的情况很复杂，很难把握，所以没有考虑过这个问题"，或者没有作出明确的回答。李芹等人（2002）在济南关于农民工就业流动与生存状况的调查表明，对于今后的生活，34.5% 的人希望取得城市户口，留在城市；22.1% 的人想赚够了钱就回家乡，还有 5.2% 的人想尽快回家乡；14.5% 的人则表示"走一步看一步，视情况而定"，还有一些人没有明确答复。表 5.8 来自郭星华等人（2011：177）在北京的调查，从中不难看出农民工群体在留城还是回乡上的高度不确定性。

表 5.8　对于以后的生活，您的打算是？

	频数	百分比（%）
赚够了钱就回家乡	105	32.4
走一步看一步，视情况而定	105	32.4
希望长期居住在北京	47	14.5
没有想过	28	8.6
取得北京户口成为北京市民	16	4.9
尽快回到家乡	12	3.7
其他	7	2.2
缺失值	4	1.2
总计	324	99.9

不只关于农民工的调查研究，其他关于新生代农民工的调查研究也有类似的发现。郭科（2009）在西安的调查中发现，新生代农民工中有33%的人表示"在城市定居"，12.4%的人表示"回家乡"，32.1%的人则表示不明确，表示"暂时在这里打工，走一步说一步"。张建武等人（2011）在深圳的调查发现，新生代农民工中有39%的人表示要回家乡，30%的人不确定是否回乡，21%的人打算以后留在城市，另有10%的人则表示没考虑这类问题。其他调查，如吴蓓（2013）、冯仰生（2014）、唐慧敏等人（2014），基本上与我们此次调查得出的结论没有太大出入，都显示出新生代农民工这一群体对于自身未来的犹豫不定。

除了上述共同之处，我们此次调查也显示出新老农民工存在一些差异，具体有：

第一，新生代农民工比老一代更"没想好"留在城市还是回农村。从表5.7来看，新生代农民工在"顺其自然"以及"没想过"两项上分别比老一代多出8.6%、2.4%，亦即在"没想好"这项上合计比老一代多出11%。这是否意味着新生代对于自身的未来更加不确定呢？这还需要做进一步的检验。

第二，新生代农民工比老一代更想留在城市。表 5.7 显示，有30.%的新生代表示要"在城市买房，成为城里人"，这比老一代多出约1%。

第三，老一代农民工比新生代更想回农村老家。表 5.7 显示，无论是"赚够了钱就回农村老家"还是"有钱没钱我都想回家",老一代农民工都要比新生代高,两项合计比新生代多出7.2%。

针对这些差异,我们依旧做了一次检验,相关数据见表5.9。由该表来看,检验得到的z值绝对值并未达到1.96,这说明新老农民工在未来身体归属上并不存在显著差异,刚才所列的这三项差异实际上是由于样本误差所致。至此,我们可以说,无论是新生代,还是老一代,他们对于自己的未来都不怎么确定,存在较大的模糊性,而且新老间也不存在显著差异。

表5.9　新老农民工未来身体归属情况比较之检验结果

	变量	
	均值	方差
新生代农民工	2.82	1.99
老一代农民工	2.81	2.20
z值	0.04	

注:显著水平* α≤0.05。

四　本章结语:中国新生代农民工社会认同的模糊性

通过前面一番比较分析来看,中国新生代农民工只是在对自己是"农村人"还是"城里人"的认知上较为明确,但在其他数据上都没有显示出明确的农村认同或城市认同,可以说,他们总体上还是一个社会认同较为模糊的群体。这一结论在我国社会学领域不仅不新鲜,反而非常普遍,几乎已成为一种共识。

例如,王春光(2001)通过对温州、杭州和深圳这三个城市的调查发现,新生代农村流动人口的社会认同趋于模糊化、不确定和不稳定化,他们在行动上表现出游离于社会的倾向。胡书芝、吴新慧(2004)则认为,青年民工在角色扮演下表现出模糊性、摇摆性、不确定性等边缘特征。胡晓红(2008)则通过对湖南省H县S村外出的新生代农民工的调查发现,新生代农民工在对自己身份作总体性的认知和评价时,呈现出模糊性、不确定性和内心自我矛盾性,他们是心灵上的"漂泊一代",成为既无法融入城市社会又难以回归农村的"没有根"的游弋者。郭科（2010）、刘双（2010）、张建武等（2011）、王伟（2012）、黄荣（2012）等诸多研究都明确表达了新生代农民工社会认同的模糊性特征。还有一些研究虽然没有明确用"模糊性"这样的词，但表达了大体相似的观点来描述、概括新生代农民工的社会认同。如许传新（2007a）在成都的调查发现，新生代农民工群体的身份认同处于混乱的状态；陆阳（2010）通过对重庆市铜梁县A村外出新生代农民工的调查发现，城市社会新场域和农村乡土经历造成了新生代农民工自我身份认同的困境，他们困惑自己的身份地位；范叶超、杨慧玲（2011）通过调查发现，新生代农民工依然不能被视为真正的城市工作者，对自己是城市人还是农村人的问题犹豫不定；刘玉侠、尚晓霞（2012）认同新生代农民工既回不了农村，又被城市所不容，自我认同处于尴尬的困境中。总之，我国社会学界在涉及新生代农民工的社会认同时，所用的字眼除了"模糊"，就是"混乱""困境""困惑""尴尬""犹豫"等，其义无外乎都想说明新生代农民工的社会认同并不明确。

新生代农民工的这种社会认同与老一代相比又具有怎样的不同呢？当前学术界关于新老农民工社会认同的比较研究并不多，但从仅有的一些研究中我们不难发现，学者们的观点存在较大的分歧甚至对立：有的认为新生代的社会认同比老一代更加模糊，如包福存（2007）、郭科（2010）、刘双（2010）等；有的认为新生代在未来归属方面比第一代更加明确和清晰，但在其他方面又比老一代更加模糊，如王毅杰等（2005）；有的认为新生代的社会认同总体上与老一代差不多，如范叶超（2011）、王伟（2012）、姚俊（2010）；有的认为新生代比老一代更加认同城市，如张建武（2011）、刘玉侠等（2012）；有的则认为老一代要比新生代更加认同城市，如郭星华、储卉娟（2004），姚俊（2010）。那么，这些观点究竟哪个更接近事实呢？综合国内关于农民工社会认同的调查研究来看，本人更倾向于用"大同小异"来概括新老农民工的社会认同。

在专门关于新生代社会认同的调查研究之外，国内还有诸多关于农民工社会认同的研究，这些研究没有将农民工群体进行新生代、老一代这样的区别对待，而是将其视为一个整体来对待。概括此类研究，我们发现，学者们关于农民工社会认同的结论与前面关于新生代的并无多大差别，总体上仍旧以"模糊""矛盾""困惑""困境"等这样的词来形容农民工群体的社会认同。例如，甘满堂（2001）、孙立平（2004：35—38）等研究认为，城乡二元结构的存在使农民工陷入身份认同的困境；彭远春（2007）、王毅杰等人（2005）则认为农民工的社会认同总体上呈模糊状态；唐斌（2002）、米庆成（2004）、董明伟（2008）则指出农民工的社会认同在城乡之间难以选择的矛盾性、斗争性以及由此带来的困惑。这些研究与关于新生代农民工社会认同的研究在时间上大体相当，在此段时期，新生代农民工正成长为农民工群体的重要组成部分，直至2009年时，已占整个农民工群体的58.4%（新生代农民工基本情况研究课题组，2011），而在整个农民工群体内，除了新生代之外，另一个重要的组成部分就是老一代农民工。因此，以上结论不仅仅覆盖了新生代，也覆盖了老一代农民工。如果说农民工的社会认同整体上和其中的一部分——新生代农民工差不多，那说明另一部分——老一代农民工的社会认同亦应和整体，以及另一个组成部分——新生代农民工差不多，不大可能存在这样一种现象，即新老农民工的社会认同彼此差异很大，但他们的合体，即整个农民工群体又和新生代农民工差不多，这显然不符合统计学的原则。

综上所述，不光新生代农民工，即便是整个农民工群体，都没有明确的城市认同或农村认同，其社会认同基本上呈现模糊性特征，而且新老农民工的社会认同彼此间亦不存在很大差异。或许有读者要问，在新生代、老一代农民工中，不是有大多数人将自己视为"农村人"吗？但社会认同是一个综合指标，不能仅凭这一点就视农民工具有明确的农村认同，更何况大多数农民工将自己视为"农村人"，实际上是我国城乡二元分割制度下，农民工不得已而为之的一种现象，因为在这一制度下，农民工所持有的户籍就是"农村户口"，不光农村管理者，即便是城市管理者也是以"农村人"来对待他们的，对大多数农民工而言，将自己视为"农村人"才能正确预测他人将如何对待自己，也才能更好地适应在城市生存。或许下面一段话能够很好地诠释农民工社会认同的模糊性特征：

当农民满怀着希望和追求来到城市，却从流入地居民、组织机构的态度行为中感受到了歧视、冷落和排斥,甚至始终被"打入另册"。他们对城市生活既充满依恋与向往,又对不能融入城市社区感到失落;既有挣钱开了眼界的自豪满足感,又有低城里人一等的自卑自责。梦想挫败之余,他们感到自己是一个既不同于城市居民,又异于家乡农民的"双重边缘人"。具体来讲,这种自我认同的形成是通过城市和农村两个区域的向外推力完成的,这两种推力不仅方向相反,而且方式存在着显著差异,其中城市是通过对农民工自我心理预期不断进行消极否定性评价起作用的,而农村则是对农民外出务工积极赞赏性评价发挥效力的,这两种方向相反的作用共同施加在城市农民工身上,不仅造成了他们自我人格矛盾和斗争的痛苦,也导致了他们身份的模糊和不确定性,对自己的未来不能明确定位:是要做城里人,还是回乡当农民。(唐斌,2002)

至此,我们并没有得出"新生代农民工比老一代更加认同城市,而老一代比新生代更加认同农村"的结论。如果说有差异,也只是在对农村、城市的心理适应上,新老农民工存在显著差异,其中老一代要强于新生代,但即便在该项上,二者仍表现出基本一致的特征,即大多数人表示对农村与城市"都喜欢","都不喜欢"的只是极个别人,还有一小部分人或更喜欢农村,或更喜欢城市。这意味着,我们之前所做的假设4、假设5都是不成立的。

第六章 新生代农民工语言使用与社会认同的相关性及其解释

在前面两个章节中，我们并没有证实新生代农民工跟老一代相比在语言使用、社会认同上的差异。不过，这还不能说明新生代农民工的语言使用与社会认同之间是否存在关联，以及存在何种关联，而这种可能的关联与老一代农民工相比，又存在怎样的不同。对于此类问题，还有待接下来的相关分析与解释工作。

第一节 新生代农民工语言使用与社会认同的相关性

本节将主要统计分析农民工的语言使用与社会认同之间的相关性，这里的语言使用仅指农民工在不同场合是如何使用语言的，不包括他们的语言能力。之所以如此，是想实现本课题的主要目的，主要是看农民工的社会认同是如何影响其实际的语言行为的。当然，我们依旧采用新老对比的研究模式，以了解新生代农民工在这方面究竟具有怎样的与众不同。

一 新生代农民工的语言使用与身份认知

在农民工身份认知的诸变量中，变量1，即农民工认为自己是什么身份（农村人或城里人等），是直接反映农民工的城市认同或农村认同的。因此，我们将选择该变量，来看看它是如何影响农民工的语言使用的。表6.1综合了新老农民工这两方面的数据，直观来看，新老农民工的身份认知与其语言使用似乎没有什么关系。例如，认同自己为"农村人"的新生代农民工187人中，多达177人在老家都使用老家话，余下的10个人或说普通话或说其他话。单纯看，这似乎印证了我们前面所说的"越是认同农村,就越有可能使用老家话"。但是,在外部交际中,例如"在城里一般使用"或"在城里工作时一般使用时",那些认为自己是"农村人"的新生代农民工,绝大多数又说起了普通话,情况与刚才又恰好相反。新生代如此,老一代也是如此。可以说,他们都没有出现我们曾经预设的那样:"越认同城市就越有可能使用普通话,越认同农村就越有可能使用老家话。"不过,这只是目测的结果,究竟如何,还得依靠统计学中的相关分析,靠数据说话。为此,我们对新老农民工的语言使用与社会认同进行了相关分析与检验(见表6.2)。

表6.1　　新老农民工的语言使用与身份认知情况[①]

人数＼身份认知＼语言使用	新生代农民工 农村人	新生代农民工 城里人	新生代农民工 不好说	老一代农民工 农村人	老一代农民工 城里人	老一代农民工 不好说
1. 在老家一般使用:						
普通话	8	2	1	2	1	1
老家话	177	26	46	151	18	43
其他话	2	1	1	2	0	0
2. 在城里一般使用:						
普通话	169	26	42	140	19	39
老家话	14	2	6	11	0	5
其他话	5	1	0	4	0	0
3. 在城里遇到老乡时一般使用:						
普通话	35	2	5	38	2	7
老家话	149	23	36	108	17	33
其他话	0	0	0	0	0	0
4. 在城里工作时一般使用:						
普通话	178	27	43	140	19	42
老家话	5	0	0	11	0	2

[①] 调查中,有少数被试对一些问题存在漏填的情况。例如,他可能填了身份认知的内容,但有可能没填在老家使用什么语言的问题,或正好相反。总之,并不是每个人都按要求对所有问题进行了认真的填写。因此,本表与前面两章的表4.5、表5.1在数据上会略有出入。之后的表6.5、表6.6、表6.8都存在类似的情况,在此一并说明,不再特别加注。

续表

人数 \ 身份认知 \ 语言使用	新生代农民工 农村人	新生代农民工 城里人	新生代农民工 不好说	老一代农民工 农村人	老一代农民工 城里人	老一代农民工 不好说
其他话	1	1	0	0	0	0
5. 在城里的住处一般使用：						
普通话	42	2	14	46	2	9
老家话	141	25	33	107	17	34
其他话	0	0	0	0	0	0

表6.2　　新老农民工身份认知与语言使用相关系数及检验值

	新生代农民工的身份认知 相关系数	新生代农民工的身份认知 t值	老一代农民工的身份认知 相关系数	老一代农民工的身份认知 t值
1. 在老家一般使用	0.047	0.765	−0.069	−1.016
2. 在城里一般使用	0.292	0.473	−0.028	−0.405
3. 在城里遇到老乡时一般使用	0.028	0.449	0.097	1.428
4. 在城里工作时一般使用	−0.032	−0.510	−0.060	−0.884
5. 在城里的住处一般使用	−0.032	−0.517	0.102	1.506
临界值	1.969		1.971	

注：显著水平*$\alpha \leqslant 0.05$。

由表6.2来看，新老农民工的身份认知与其语言使用的各变量之间，相关系数都很低，其绝对值都低于0.3，这说明新老农民工的身份认知与其语言使用只存在极弱的关系；再从相关系数的检验来看，各相关系数的检验统计量，即t值，均小于相应的双尾临界值，这说明新老农民工的身份认知与其语言使用之间即便存在着弱相关，也是样本误差所致，并不代表事实上真的存在。由此我们可以说，农民工的语言使用与其身份认知并没有什么关系。

虽然此次没有证实农民工的语言使用与身份认知之间的相关关系，但在使用Excel进行相关分析的时候，我们无意中发现，新老农民工的语言使用，其某些变量之间的相关系数还相当高。为此，我们单就新老农民工的语言使用进行了相关分析（见表6.3）。

表 6.3　　　　　新老农民工语言使用各变量之间的相关系数

	新生代农民工					老一代农民工				
	变量1	变量2	变量3	变量4	变量5	变量1	变量2	变量3	变量4	变量5
变量1	1					1				
变量2	0.117	1				<u>0.318</u>	1			
变量3	<u>0.560</u>	-0.070	1			0.259	0.103	1		
变量4	0.032	<u>0.470</u>	0.055	1		0.035	<u>0.895</u>	0.095	1	
变量5	<u>0.392</u>	0.029	<u>0.697</u>	0.077	1	0.229	0.169	<u>0.879</u>	0.148	1

注：下划线者都是达到中度及以上的相关系数。

表 6.3 中的变量 1—5 分别对应表 6.2 中"语言使用"部分的 5 个调查问题，其中变量 1、变量 3、变量 5 大致属于内部交际，而变量 2、变量 4 则可归入外部交际。如此来看表 6.3 中的数据，我们发现了这样一则有趣的现象，即：凡属于同一类型的交际，其变量之间的相关系数往往比较高，否则就比较低。例如，在新生代农民工部分，变量 1—5 之间虽然不存在高度相关，但达到中度相关的，无一例外都是同一类型的各变量，如同属内部交际的变量 1、变量 3、变量 5 之间的相关系数都超过了 0.3，其中变量 3 与变量 5 之间的相关系数达到了 0.697，几乎已达到了高度相关所需的 0.7；同属外部交际的变量 2 与变量 4，其相关系数也比较高，达到了中度相关的水平，远高于它们与变量 1、变量 3、变量 5 之间的相关系数。与新生代相比，老一代农民工也基本如此，如其变量 2 与变量 4、变量 3 与变量 5 之间的相关系数接近 0.9，已达到高度相关的水平，但其变量 1 有些不同寻常，它与另一种类型的变量 2 之间存在中度相关，而与同一种类型的变量 3、变量 5 之间则只是低度相关，不过同这二者的相关系数也要高于变量 1 与变量 4。

为了进一步说明表 6.3 各相关系数的可靠性，我们对此进行了显著性检验（见表 6.4）。结合表 6.4 与表 6.3 来看，在新生代农民工部分，变量 1 与变量 3、变量 3 与变量 5 之间达到了中度相关水平，而变量 1 与变量 5、变量 2 与变量 4 则达到低度相关水平，且它们的检验值（见表 6.4 中带 * 者）都大于相应的临界值，说明这些变量之间存在着事实上的相关；在老一代农民工部分，变量 1 与变量 2 存在低度相关，而变量 2 与变量 4、变量 3 与变量 5 之间存在事实上的高度相关，其他变量间的相关系数都没达到 0.3，关系极弱。

表 6.4　　新老农民工语言使用各变量相关系数之显著检验①

	新生代农民工				老一代农民工			
	变量1	变量2	变量3	变量4	变量1	变量2	变量3	变量4
变量2	1.891				4.679*			
变量3	9.051*	-1.136			3.801*	1.507		
变量4	0.510	7.601*	0.890		0.516	13.124*	1.392	
变量5	6.338*	0.475	11.269*	1.253	3.369*	2.477*	12.893*	2.17*
临界值	1.969				1.971			

注：显著水平 * $\alpha \leqslant 0.05$。

第一，新生代农民工的语言使用，同一类型的各变量间存在显著的中度相关，不同类型的各变量不存在任何显著的相关关系。

第二，老一代农民工的语言使用，同一类型的各变量间既有低度相关，也有高度相关，没有中度相关；不同类型的各变量间存在低度相关，没有中度及高度相关。

通过以上一番统计分析，我们虽然没能证实新老农民工的语言使用与其身份认知之间存在相关关系，但却发现他们的语言使用各变量之间存在显著的、程度不等的相关关系，至于为何如此，我们将在之后的解释中有所说明，在此不赘述。

二　新生代农民工的语言使用与情感归属

接下来再让我们看看新老农民工的语言使用与情感归属之间的相关情况，表 6.5、表 6.6 分别综合了新老农民工在这两方面的数据。② 直观看这两个表中的数据，我们也没有发现新老农民工的语言使用与其情感归属之间有什么关系。表 6.5 与表 6.6 显示，新老农民工无论在城里

---

① 表 6.3 中相关系数为 1 的是某一变量与自身的相关，如变量 1 与变量 1 的相关等。对于该相关系数我们不再检验，本表所显示的因而都是不同变量间相关系数的检验值。

② 由于农民工的语言使用与情感归属所涉变量比较多，如果像表 6.1 那样将新老农民工的数据统一在一个表格中，那表格将会太大，不方便排版，因此只能按新老农民工分别列表。后文中的表 6.8、表 6.9 也是如此，在此一并注明。

有没有"家"的感觉，抑或"说不清"，无论是喜欢农村还是城市，抑或"都喜欢"，他们在老家、在城里遇到老乡或回到城里的住处时，一律都以老家话为主要交际语言，但在城里生活及工作时，一律又以普通话为主要交际语言。例如，新生代农民工中，在城里有"家"的感觉的，88人中有85人在老家一般使用老家话，但来到城里后却有75人使用普通话，依旧使用老家话的只有7人，还有6人使用其他话。表6.6显示的老一代农民工，其情况与新生代也差不多。例如，老一代农民工中，在城里有"家"的感觉的，58人中有56人在老家一般使用老家话，其他分别有1人使用普通话与其他话，但来到城里后却有56人使用起了普通话，还有2人使用起了其他话。如果我们当初的假设是准确的，那么理想的状况应该是，在城里有"家"的感觉的这部分农民工，应该以普通话作为自己的主要交际语言，即便他们回到老家、城里的住处或在城里碰到其他老乡。然而，这种情形并未出现。很明显，新生代农民工在此并没有出现"情感上越认同农村，就越有可能使用老家话；越认同城市，就越有可能使用普通话"这样的情况。

表6.5　　　　新生代农民工语言使用与情感归属情况

情感归属 人数 语言使用	您在城里是否有家的感觉			您更喜欢农村还是城市			
	有	没有	说不清	农村	城市	都喜欢	都不喜欢
1. 在老家一般使用：							
普通话	3	2	6	4	1	6	0
老家话	85	112	52	74	52	123	0
其他话	0	2	2	0	0	0	0
2. 在城里一般使用：							
普通话	75	105	57	60	47	122	0
老家话	7	12	3	5	5	12	0
其他话	6	0	0	5	1	0	0
3. 在城里遇到老乡时一般使用：							
普通话	9	19	14	14	7	21	0
老家话	72	90	46	59	43	106	0
其他话	0	0	0	0	0	0	0

续表

语言使用 \ 情感归属（人数）	您在城里是否有家的感觉			您更喜欢农村还是城市			
	有	没有	说不清	农村	城市	都喜欢	都不喜欢
4. 在城里工作时一般使用：							
普通话	83	107	58	70	51	127	0
老家话	0	3	2	0	2	3	0
其他话	0	2	0	2	0	0	0
5. 在城里的住处一般使用：							
普通话	14	24	20	16	10	32	0
老家话	70	89	40	58	43	98	0
其他话	0	0	0	0	0	0	0

表6.6　老一代农民工语言使用与情感归属情况

语言使用 \ 情感归属（人数）	您在城里是否有家的感觉			您更喜欢农村还是城市			
	有	没有	说不清	农村	城市	都喜欢	都不喜欢
1. 在老家一般使用：							
普通话	1	1	2	0	0	4	0
老家话	56	94	62	46	35	128	3
其他话	1	1	0	0	0	0	0
2. 在城里一般使用：							
普通话	56	78	64	40	32	124	2
老家话	0	16	0	5	1	8	0
其他话	2	2	0	1	2	0	1
3. 在城里遇到老乡时一般使用：							
普通话	13	20	14	9	9	27	2
老家话	44	74	40	36	25	97	0
其他话	0	0	0	0	0	0	0
4. 在城里工作时一般使用：							
普通话	51	93	57	44	35	121	1
老家话	7	3	3	2	0	11	0
其他话	0	0	0	0	0	0	0

续表

人数　　　情感归属　　语言使用	您在城里是否有家的感觉			您更喜欢农村还是城市			
	有	没有	说不清	农村	城市	都喜欢	都不喜欢
5. 在城里的住处一般使用:							
普通话	6	33	17	8	10	38	0
老家话	53	64	41	37	24	94	3
其他话	0	0	0	0	0	0	0

当然，这只是目测的结果，具体如何，还需要经过进一步的相关分析与检验。为此，我们对新老农民工的语言使用与情感归属进行了相关分析及检验，结果见表6.7。该表中的变量1与变量2分别指"您在家里是否有家的感觉"与"您更喜欢农村还是城市"。该表显示，在新生代农民工部分，所有的相关系数都没有达到0.3，说明新生代的语言使用与其情感归属之间的关系极弱；在老一代农民工部分，只有语言使用变量5与情感归属变量1、变量2之间的相关系数达到了0.3，说明老一代农民工回到城里的住处时，其语言使用才与其情感归属存在低度的相关，其他时候的语言使用与其情感归属之间关系极弱。

表6.7　新老农民工语言使用与情感归属之间的相关系数及检验值

	新生代农民工的情感归属				老一代农民工的情感归属			
	变量1		变量2		变量1		变量2	
	相关系数	t值	相关系数	t值	相关系数	t值	相关系数	t值
1. 在老家一般使用	0.135	2.185*	0.165	2.665*	0.002	0.030	0.062	0.906
2. 在城里一般使用	0.162	2.628*	0.270	4.374*	0.106	1.558	0.242	3.550*
3. 在城里遇到老乡时一般使用	0.181	2.944*	0.236	3.815*	0.295	4.340*	0.294	4.317*
4. 在城里工作时一般使用	0.163	1.366	0.140	2.261*	0.044	0.649	0.163	2.395*
5. 在城里的住处一般使用	0.084	2.643*	0.250	4.053*	0.325	4.781*	0.366	5.372*
临界值	1.969				1.971			

注：显著水平 * α≤0.05。

总体而言，新老农民工的语言使用与其情感归属之间的关系都非常微弱，说明农民工的情感归属对其语言使用影响甚微，甚至没有。比较而言，新老农民工之间也有一点差异，即老一代农民工的情感归属与其在城里住处的语言使用之间存在低度相关，这是新生代所没有的，也就是说，老一代农民工的语言使用受其情感归属的影响要略大于新生代。为何如此，我们将在后文择机进行解释，在此不赘述。

三　新生代农民工的语言使用与未来身体归属

最后再让我们看看新老农民工的语言使用与其未来身体归属的相关情况，表6.8、表6.9分别综合了新老农民工这方面的数据。在对未来的6个打算中，打算1属于明确的城市认同，打算2—3属于明确的农村认同，而打算4—6则是对城市、农村或没有形成认同，或没想过，或无可无不可（如"在城里买房，但不在城里居住"，或"自己做生意"），大致属于不明确的认同（相对城市、农村而言）。如果说"越是认同城市，就越有可能使用普通话；越是认同农村，就越有可能使用老家话"这一假设能够成立的话，那么，选择打算1的就更有可能说普通话，选择打算2—3的就更有可能说老家话，选择4—6的则在语言的使用上较为随机。然而，就表6.8、表6.9中的数据来看，我们并未发现这样的情况。

表6.8　　　新生代农民工的语言使用与未来归属情况

语言使用 \ 未来归属 人数	打算1	打算2	打算3	打算4	打算5	打算6
1. 在老家一般使用：						
普通话	4	1	1	4	1	0
老家话	74	23	39	94	16	2
其他话	2	1	0	0	0	0
2. 在城里一般使用：						
普通话	74	20	36	91	13	2
老家话	4	5	2	7	4	0
其他话	2	0	2	0	0	0

续表

人数 \ 未来归属 语言使用	您对未来有什么打算？					
	打算1	打算2	打算3	打算4	打算5	打算6
3. 在城里遇到老乡时一般使用：						
普通话	16	1	4	19	2	0
老家话	55	23	36	77	15	2
其他话	0	0	0	0	0	0
4. 在城里工作时一般使用：						
普通话	76	20	38	95	17	2
老家话	0	3	0	2	0	0
其他话	1	0	0	1	0	0
5. 在城里的住处一般使用：						
普通话	20	6	4	24	4	0
老家话	55	19	36	74	13	2
其他话	0	0	0	0	0	0

注：打算1—6分别指该问题的6个选项：①在城市买房，成为城里人；②赚够了钱就回农村老家；③有钱没钱都回农村老家；④走一步看一步，顺其自然；⑤没想过；⑥其他。

例如，在新生代农民工群体，选择打算1，即认同城市的人中，在老家一般使用普通话的仅有4人，但使用老家话的却高达74人；选择打算2，即认同农村的人中，在城里一般使用老家话的亦只有5人，但使用普通话的却有20人（见表6.8）；还有在城里遇到老乡，选择打算1的，说普通话的只有16人，远低于说老家话的55人。在此，我们并没有见到之前所预设的情况。新生代如此，老一代的情况也差不多。表6.9显示，老一代农民工中选择打算1的人中，在老家使用普通话的仅有1人，使用老家话的反而多达63人；选择打算2的人中，在城里一般使用老家话的人为零，但使用普通话的却有26人。其实，新老农民工的语言使用所遵循的仍旧是"外部交际使用普通话，内部交际使用老家话"的规律，恰如我们在前面第五章所论述的那样。例如，表6.8、表6.9皆显示，无论是何种打算，只要是内部交际，即语言使用1、3、5，使用老家话的人数远高于普通话、其他话的使用人数；而在外部交际，即语言使用 2、4 中，使用普通话的人数又远高于老家话、其他话的使用人数。据此来看，农民工的情感归属对其语言使用的影响是非常有限的。不过，这一结论只是目测的结果，并不能告诉我们具体的影响。为此，我们针对新老农民工的语言使用与未来归属进行了相关分析与检验（见表 6.10）。

表 6.9　　老一代农民工的语言使用与未来归属情况

语言使用 \ 人数 \ 未来归属	打算 1	打算 2	打算 3	打算 4	打算 5	打算 6
1. 在老家一般使用：						
普通话	1	0	1	2	0	0
老家话	63	26	42	61	9	11
其他话	0	0	0	0	0	0
2. 在城里一般使用：						
普通话	58	26	41	55	8	10
老家话	3	0	2	8	0	1
其他话	3	0	0	0	1	0
3. 在城里遇到老乡时一般使用：						
普通话	14	5	13	13	2	0
老家话	50	19	29	44	6	10
其他话	0	0	0	0	0	0
4. 在城里工作时一般使用：						
普通话	61	26	42	54	7	11
老家话	3	0	1	7	2	0
其他话	0	0	0	0	0	0
5. 在城里的住处一般使用：						
普通话	17	6	10	15	0	8
老家话	47	20	33	46	9	3
其他话	0	0	0	0	0	0

表 6.10　新老农民工语言使用与未来归属之间的相关系数及检验值

	新生代农民工的未来归属		老一代农民工的未来归属	
	相关系数	t 值	相关系数	t 值
1. 在老家一般使用	0.170	2.793*	0.049	0.728
2. 在城里一般使用	0.287	4.866*	0.280	4.287*
3. 在城里遇到老乡时一般使用	0.209	3.473*	0.344	5.391*
4. 在城里工作时一般使用	0.134	2.187*	0.190	2.850*
5. 在城里的住处一般使用	0.230	3.826*	0.391	6.245*
临界值	1.969		1.971	

注：显著水平 * $\alpha \leq 0.05$。

从表 6.10 来看，新生代农民工的未来归属与其不同场合的语言使用之间，相关系数全部都在 0.3 之下，但各项 t 值都高于相应的临界值，这说明新生代农民工的未来归属与其语言使用之间只存在弱相关；而在老一代农民工群体，其语言使用 3、5 与未来归属之间的相关系数分别为 0.344、0.391，且相应的 t 值都明显超出临界值，这说明老一代农民工在城里遇到老乡或在自己的住处时，其语言使用会受到未来归属的影响，二者存在低度相关，但其他的 3 项语言使用与未来归属之间只存在更低的弱相关。总体来看，无论是新生代还是老一代，他们的未来归属对其语言使用的影响都不大，二者之间的关系比较微弱，但相比较来看，新生代农民工的未来归属与语言使用之间的关系更加微弱，也就是说，老一代农民工的语言使用受未来归属的影响要比新生代农民工大一点。这与前面关于新老农民工的语言使用与情感归属之间的分析结论，几乎一致。

四　小结

本节我们就新生代农民工的语言使用与其身份认知、情感归属与未来归属之间的关系分别进行了相关分析与检验，并将此与老一代农民工进行了对比。概括而言，新老农民工的语言使用与社会认同具有以下这些特点：

第一，新老农民工的语言使用与社会认同之间的关系比较弱。从分析结果看，新生代农民工的语言使用诸变量与社会认同诸变量之间的相关系数都在 0.3 以下，老一代农民工要稍高一些，但其这方面的相关系数也都未超过 0.4。这足以说明新老农民工的语言使用与社会认同之间的关系比较弱，也就是说，农民工的语言使用受其社会认同的影响不大。当然，这里的"社会认同"仅指新生代农民工的城市或农村认同，并不包括其他社会认同。

第二，就社会认同对语言使用影响的程度而言，老一代农民工要大于新生代。总体来看，老一代农民工的社会认同对其语言使用的影响也比较小，如其语言使用与社会认同之间的各相关系数都在0.4以下，但相对于新生代农民工来说，这种影响又大一些，例如老一代农民工在城里住处的语言使用与其情感归属、未来归属之间，还有在城里遇到老乡时的语言使用与其未来归属之间的相关系数都超过了0.3（见表6.7、表6.10），达到了低度相关的水平，而这些却是新生代农民工所没有的。

第三，新老农民工的语言使用受其身份认知的影响不如其情感及未来归属大。我们从身份认知、情感归属与未来归属这三个方面考察了农民工的社会认同，但从相关分析的结果看，这三者对农民工语言使用的影响不尽相同。对比表6.2、表6.7与表6.10的相关系数，不难发现，无论是新生代还是老一代，农民工身份认知与语言使用各变量之间的相关系数，其绝对数值都比较低。表6.11列举了这方面的数据，由该表来看，新老农民工的身份认知与语言使用之间相关系数的绝对平均值最低，都不到0.1，低于情感归属，更低于未来归属。这说明，在社会认同的各项指标中，未来归属对农民工语言使用的影响最大，其次为情感归属，最次为身份认知。

表6.11 新老农民工语言使用与社会认同之间相关系数绝对平均值

	新生代农民工的语言使用	老一代农民工的语言使用
1. 身份认知	0.086	0.071
2. 情感归属	0.179	0.181
3. 未来归属	0.206	0.251

注：本表数据是基于表6.2、表6.7和表6.10中的数据所得，首先取相应的相关系数的绝对值，将它们累加再除以累加的次数，便得到相应相关系数的绝对平均值，值越高说明关系越密切，对语言使用的影响也就越大。如以表6.2中的新生代的相关系数为例，取相应的相关系数的绝对值，然后累加再除以累加的次数，即（0.047 + 0.292 + 0.028 + 0.032 + 0.032）/5 = 0.0862，四舍五入便得到0.086。

第四，新老农民工的语言使用，其内外交际中的各变量之间存在明显的共变关系。虽然新老农民工的语言使用与社会认同之间没有多少相关关系，但我们发现，新老农民工的语言使用存在明显的内外有别，其内部交际的各变量之间相关系数较高，有的甚至达到高度相关的水平。这进一步印证了此前的发现，即农民工在内部交际中习惯使用老家话，而在外部交际中使用普通话，老家话与普通话有着非常明显的分工，泾渭分明。

新老农民工的上述特点并没有证实我们之前的假设，即"农民工越是认同城市，会越有可能使用普通话；越认同农村，会越有可能使用老家话"。然而，这些特点给我们带来一系列亟须解释的问题：为什么新老农民工的城市或农村认同对其语言使用的影响都不大？为什么老一代农民工的城市或农村认同对其语言使用的影响会比新生代农民工大？为什么新老农民工的语言使用呈现如此规整的内外有别？我们是否可以就此认为农民工是一个特例，现有的社会认同理论并不能解释其语言使用？下节我们将围绕这些问题进行解释。

第二节 关于新生代农民工语言使用与社会认同的解释

"科学研究要进行观察并对你所观察到的事物进行解释。"（艾尔·巴比，2009：89）我们之前所做的工作更多的是观察，接下来要做的就是对观察到的东西进行解释，所采取的方式既有通则式（nomothetic）[①]也有个案式（indiographic）[②]，两相结合、互为补充，试图对新生代农民工的语言使用以及它与社会认同的关系有一个较为明确、完整的理解。

---

① 通则式解释：一种解释方式。在这种解释方式中，我们试图寻找一般性地影响某些情形或者事件的原因；这种解释很"经济"，只使用一个或少数几个解释的因素。与个案式解释相比，通则式解释是概率性的，通常也是不完全的，想象两个或三个决定学生选择哪所学校的关键因素，如地缘接近、声誉等。（参见艾尔·巴比，2009：22，94）

② 个案式解释：一种解释方式。在这种解释方式中，我们的视野局限在个案上，试图穷尽某个特定情形或是事件的所有原因，如试着列出某人选择某所大学读书的所有原因。与通则式解释相比，个案式解释的原因是完全的。（参见艾尔·巴比，2009：22，94）

一 通则式解释

我们在上一节相关分析中所发现的问题，其内容主要涉及农民工语言使用与社会认同的相关性、新老农民工在语言使用上的同或异、农民工语言使用的原因，下面我们将从这三个方面入手来对这些问题进行解释。

（一）关于新生代农民工语言使用与社会认同的相关性

在前面的相关分析中，我们发现新生代农民工的语言使用与社会认同之间的相关系数都比较低，全部都在低度相关及以下。这说明新生代农民工的语言与社会认同之间并无什么关系，我们当初所做的假设也因此没有得到印证。至于为何如此，或许可以从以下几个方面来理解。

第一，普通话正成为我国全民性的交际工具，它并不是城市社会或城里人的标识。按社会认同理论，语言具有显著的社会标识功能。德国实验心理学家威廉·冯特（Wilhelm Wundt）认为，语言是认同或身份的象征符号（迈克尔·豪格和多米尼克·阿布拉莫斯，2011：240）。当我们假设"农民工越是认同城市就越有可能使用普通话，越是认同农村就越有可能使用老家话"的时候，实际上就是基于这样的理论，并因此将普通话视为城市社会或城里人的标识，老家话视为农村社会或农村人的标识。然而，这或许只是我们一厢情愿的成见。自20世纪50年代中期，尤其是改革开放以来，普通话在我国迅速普及。据国家语委副主任王登峰介绍，新中国成立60多年来，普通话在全国的普及率已达到54%以上（靳晓燕，2010）。当然，由于城市社会流动性大，外来人口多，对共同语的需要更为迫切，所以城市的普通话普及率要比农村高。据2000年的"中国语言文字使用情况调查"：我国城市普通话的普及率为66.03%，农村为45.06%（中国语言文字使用情况调查领导小组办公室，2006：25），城市比农村高出20%。然而，我们不能因此就将普通话视为城市的标识。打个比方，据2010年的"普通话普及情况调查"[①]，在河北、江苏、广西，男性的普通话普及率明显高于女性，但

---

① "普通话普及情况调查"是国家语委批准项目，于2010年8月正式立项，由教育部语言文字应用研究所组织，同时联合河北、广西、江苏三地语委参加并实施。该项调查的相关数据和结论主要见谢俊英（2011）、孙曼君（2011）、戴红亮（2012）、苏金智（2012）等一组文章。后文关于这三个地方的相关数据和结论，若非特别注明，皆来自此组文章。

现实生活中没有人会因此将普通话视为男性的标识并据此区别男女。因为语言还是社会认同的特质，是我们区别社会群体的标准（迈克尔·豪格和多米尼克·阿布拉莫斯，2011：259）。也就是说，能作为某社会群体标识的东西，应该是该群体较为独特的东西。很显然，普通话并不是城市社会或城里人特有的东西，它是国家通用语言，是我国不同地域、不同民族的人们自由交流的中介，无论在城市还是农村都有相当多的人在使用。更何况，2010年的"普通话普及情况调查"证实，城乡普通话普及率的差距正在迅速缩小。或许还可以用另一组数据来说明这个问题，2010年河北、广西、江苏三地的城市人口比例分别为44.5%、40%、60.6%。① 如果说普通话是城市社会的标识，那这三个地方普通话的普及率应该江苏最高、广西最低，但实际情况恰恰相反，广西的普通话普及率最高，达到了80.75%，远高于河北的73.30%和江苏的70.67%。因此，随着普通话的迅速普及，普通话正成为我国全民性的交际工具，它并不是城市这一特定社会的标识。

第二，汉语方言也不是农村社会或农村人的标识。著名社会语言学家钱伯斯说过："现实生活中，语言基本上是以方言的形式出现的，每个人都至少是一种方言的使用者，即使是某种语言的标准形式，其实也是一种方言。"（Chambers & Trudgill，2002：3）确实如此，汉语在各地的具体表现形式就是各地的汉语方言，即便是普通话也是在北方方言的基础上发展起来的。因此，在汉语社会，人们最先会说的一般都是当地汉语方言，而普通话往往是人们在习得该方言之后才学会的。例如，在河北、江苏两省，小时候最先说普通话的比例分别为18.55%、14.63%，而最先说当地汉语方言的分别为84.79%、93.04%。这种语言习得特点并非专指农村，也指城市。如2010年的河北省，从小最先会说方言的人口比例非常高，农村为89%，城镇为75.18%。而且即便学会普通话之后，人们仍旧大量使用方言。诸多调查证实，在城市，人们在公共场合主要使用普通话，而在与家人、老乡等打交道的私人场合则主要使用当地方言（蒋冰冰，2006；俞玮奇，2012a）；在农村，因

---

① 资料来源：中华人民共和国国家统计局网站（http://data.stats.gov.cn/workspace/index? m=fsnd）。

为没有多少外地人，人们基本上都会使用当地方言（林伟，2008；王远新，2008）。我们此次调查到的事实也基本如此，可以说，在母语方言之外还会说普通话，并根据场合的不同选用这两种不同的语码正成为我国语言生活中一个常态化的现象，大多数城里人和农村人都是如此，这就意味着汉语方言不可能成为农村社会的标识。此外，新中国成立以来，我国农村的发展一直远远落后于城市，生活于其中的主体——农民也随之成了"落后"的代名词，即便是进城打工也常常受到歧视甚至不公正的对待。据1999年的一次职业地位调查，50个职业中"农民"的社会声望值排在倒数第5位，而排在最后四位的"纺织工人、保姆、清洁工人、勤杂工"也基本上是农民工（李培林等，2004：185）。正因为社会地位的低下，"农民""农民工"等都已具有社会歧视的意味（郑全庆、顾娟，2007）。社会语言学研究中有一个"面子"（face）理论，这里的"面子"就包括说话人属于何种社会类型，亦即是我们所讲的社会认同，当你在说话时，你的说话方式实际上就在传递"面子"，说白点，就是你想让对方认为你是何种人（Hudson，2000：231—232）。如果说汉语方言就是农村社会的标识，那你在说汉语方言时无疑是在向对方暗示："我是个农民""我是农村人"或者"我是乡下来的"。这显然不符合人们对自尊的需求，因为与城里人相比，农村人显然处于低位，而低位群体资格（subordiante group membership）会赋予成员消极的社会认同，进而导致较低的自尊并产生不满情绪（迈克尔·豪格和多米尼克·阿布拉莫斯，2011：34）。

  第三，作为汉语的地域变体，汉语方言依旧是重要的地域标识。自古以来，人们时常根据对方的语言来辨别对方"是"或者"不是"哪儿的人，这就是语言的地域标识功能。早在古希腊时期，希腊人听非希腊人说话就像barbarbar的声音，于是就称他们为barbarians（野蛮人）；而在伯利兹（Belize）这个中美洲国家，伯利兹人则根据对方是否说伯利兹当地流行的克里奥尔语而辨别对方是否为伯利兹人。这两个案例很好地诠释了语言的地域标识功能，前者根据语言将对方与自己区别开，后者则根据语言将对方与自己统一起来。在这里"野蛮人"、"伯利兹人"不只是两个简单的名称，而是说话双方将要开始并发展某种关系的框架（Tabouret-Keller，2001）。汉语方言也具有类似的功能，它常常是我们辨别"老乡"、"同乡"或"异乡人"、"外地人"的重要标准。这是因为汉语方言是一个地区长期发展起来的产物，它流行一地，往往是当地人习得的第一语言，极少有外地人学习并使用它。例如，我们此次调查的农民工，无论新老，绝大多数会说普通话或老家话，能说打工所在地方言的也就在4%—5%，其中又以"一般"水平为主，达到"很熟练"水平的可谓凤毛麟角。刘玉屏（2009）在义乌市的调查发现，在受访的198名农民工中，仅有11人能够用当地的宁波话与人交际，仅占总数的5.6%。方言的地域性使其具有了一项特殊的功能，即其能够团结亲朋、密切乡邻，这就是社会语言学家们所说的方言的潜在声望（covert prestige）（Trudgill，1972）。也正因为如此，在与家人、朋友、同乡等内部交际中人们会更多地运用方言而非普通话，国内诸多调查也证实了这一点，如蒋冰冰（2006）、郭骏（2007）、俞玮奇（2012a）等。不只如此，蒋冰冰（2006）、俞玮奇（2012b）等研究还发现，随着年龄的增长，当地一些中小学生的本地意识逐渐增强，从而导致年龄大的学生会比年龄小的更多地使用当地方言。这些事实说明即便在普通话迅速普及的今天，汉语方言依旧是我国重要的地域标识，它体现了说话人的地域认同。需要说明的是，地域认同也是一种社会认同，因为不同地域的人们实际上形成了一个个不同的社会范畴，如"上海人"、"北京人"等。按社会认同理论，整个社会就是由诸多不同类型的社会范畴组成的，任何个体可以同时属于多个社会范畴（如一个信仰佛教的澳大利亚男性网上冲浪者）（迈克尔·豪格和多米尼克·阿布拉莫斯，2011：18）。农民工当然也可以如此，但由于其徘徊城乡的特点，我们此次调查过多地考虑了他们的城市或农村认同，而忽略了他们的地域认同。虽然最后的调查结果证明他们的语言使用与其城市或农村认同没多大关系，但不能就此认为农民工的语言使用比较特殊，现有的社会认同理论对此无法解释。就已发现的事实看，农民工对老家话的使用与其地域认同有着非常密切的关系，如我们此次调查发现的农民工在城市说得最多的是普通话，但回到老家时则会说老家话，而刘玉屏（2006）、林伟（2008）、付义荣（2010）等人的调查还发现，即便身在城市，农民工在家里或遇到老乡时说的最多的仍旧是老家话。之所以如此，是因为"同乡"关系对于农民工在城市的就业、生活有着非常重要的支持作用

（付义荣，2010），而维系"同乡"关系的社会基础就是他们共同的地域认同，并由此形成"哪儿的人就应该说哪儿的话"这一不成文的规则，否则就会受到同乡的排斥而被视为"愚蠢、傲慢与忘本"（Trudgill，1972）。

"语言和认同之间的关系如此密切，以至根据语言使用中的某个特征就可以判断说话人是否是某个群体的成员。"（Tabouret-Keller，2001）然而，从中国农民工，尤其是新生代农民工这个群体来看，我们还不能根据一个人说了普通话就判断他是城里人，说了汉语方言就是农村人。在此，我们并没有否定语言与认同之间的密切联系，而只是发现普通话、汉语方言并不具备相应的城市或农村认同功能。实际上，我们依旧可以根据一个人所说的汉语方言判断他来自中国哪个地方，这其实从另一个方面印证了语言与认同（主要是地域认同）之间的密切联系。

（二）关于新老农民工语言使用与社会认同的同和异

本课题是基于新老农民工的比较来研究新生代农民工的。通过比较，新生代农民工的某些特质才可以得到更为清楚的显现。就比较结果而言，无论是单纯的语言使用、社会认同，还是语言使用与社会认同之间的相关性，新老农民工彼此间可谓大同小异。从某种意义上说，农民工仍旧是一个同质度很高的群体。至于为何如此，既有历史的原因，也有现实的原因，归结为一点就是：在市民化的过程中，新老农民工面临几乎相同的且难以克服的障碍，他们都难以融入城市而处在城市的边缘。

20 世纪 50 年代中期以来，我国一直奉行较为严格的户籍制度，其主要内容就是将人分为两类：城市户口和农村户口。户籍制度实质上是一种"社会屏蔽"制度，它将农村人口屏蔽在城市的社会资源之外（李强，2004：29）。以户籍制度为核心，包括就业制度、教育制度、医疗保险等在内的城乡二元制度，对农民工的市民化构成了严重的阻碍（钱文荣、黄祖辉，2007：300）。农民工虽然为中国的工业化、城市化和现代化建设做出了巨大贡献，但这些制度障碍使农民工不能享受与城里人一样的待遇。就像中国社会学会原名誉会长陆学艺所总结的：在政治方面，农民工干了工人的活，但没有得到应有的工人身份；在经济方面，农民工从事的劳动强度大、时间长、报酬低；在社会方面，农民工因为没有城镇居民的户籍,尽管在一个城市打工多年,却始终是这个城市的边缘群体;在社会保障方面,农民工难以享受应有的待遇;在文化教育方面,农民工及其子女的教育受到影响(谢建社,2011:16—19)。除了"农民"身份,农民工来到城市还兼有"外地人"身份,而厌恶外地人是全世界的普遍现象,因为当地人往往用外地人最消极的一些特性,如犯罪,来推断和刻画所有外地人(苏黛瑞,2009:108)。例如,有调查显示,共约55.63%的农民工感觉城里人对他们的评价比较负面,如"没文化、素质低下、道德低下"等(郭星华等,2011:134)。虽然近年来,一些地方的户籍等制度出现了松动,但原有制度的"惯性"作用并不能一下子解决所有问题,对于绝大多数农民工而言,要想落户并融入城市依旧相当困难,而这种困难并没有因为你是新生代农民工就有所缓解。和老一代农民工相比,新生代虽然有年轻、文化高的优势,但也有缺乏工作经验和吃苦耐劳的精神,所以他们融入城市的难度并不比老一代小。例如,王丽(2013)在江苏调查时发现,农民工的收入与年龄成正比,年龄越小,平均收入也越少;张娜等人(2013)在天津调查时发现,农民工年龄每增加1岁,其每小时收入就增加12%。由于收入比预期的低,很多新生代农民工便频繁地换工作,甚至出现了"旅游式打工"的现象,他们也因此被称为"工漂族"(李小玉,2012)。按社会认同理论,"对于那些离开原有群体的人来说,如果新的群体不接纳他们,他们会有被边缘的感觉"(迈克尔·豪格和多米尼克·阿布拉莫斯,2011:70)。中国农民工,无论是老一代还是新生代都是离开了农村来到了城市,但都没有被城市所接纳,处于一种"非农非城"的状态,因而有人将农民工视为"双重边缘人"(唐斌,2002)。正因为有着如此相同的外境,新生代与老一代农民工才会对农村、城市有着如此相似的社会认同,才会有着如此相似的语言使用:他们出生时就被国家赋予了农村人身份,他们的身份证或户口本明确告诉他们是农村人,而进城后城市管理者对他们的区别对待更是直接告诉他们是农村人,他们只能无奈地接纳这一身份,因为只有这样,他们才能预测自己和他人的行为,才能按城市的管理秩序就业、工作并生活,但另一方面,他们的内心并不满意这样的安排,其相对模糊的群体情感归属和未来身体归属都说明了这一点;他们在城市说普通话,回到老家或见到老乡时说老家话，亦无非是满足他们在城市底层的生存需要，前者可以方便他们与城里的陌生人打交道，获取相应的城市资源，后者则方便他们与老乡联络感情，获得城市社会所没有的支持。这也符合语言的政治经济学规律，即人们只要有机会，就会选择学习并使用能带来更大交际便利的语言（艾布拉姆·德·斯旺，2008：22）。

不过，我们在之前的一系列比较分析中，也发现新老农民工之间存在一些差距。这些差异主要有：（1）新生代农民工的老家话水平不如老一代（见第四章第一节）；（2）新生代农民工学习普通话的途径比老一代更加多样；（3）新生代农民工对"农村"与"城市"的心理适应能力不如老一代（见第五章第二节）；（4）新生代农民工语言使用与情感归属之间的相关度不如老一代高（见本章第一节）；（5）新生代农民工语言使用与未来归属之间的相关度不如老一代高（见本章第一节）。

关于前三项差异我们并不难理解，其原因实际上在对这些差异进行描写时就已露端倪。第一项差异是涉及新老农民工的老家话水平的，新生代农民工的老家话水平之所以不如老一代，显然与老家话的习得途径有关。从表4.3来看无论是新生代还是老一代，绝大多数农民工的老家话都是在老家自然而然学会的，这意味着：在老家待的时间越长，老家话水平就越高。很明显，新生代农民工在这一点上是不如老一代的。如有调查显示，在珠三角，传统农民工初次外出务工的平均年龄为26岁，但新生代农民工初次外出务工的年龄更低，80后平均为18岁，而90后平均只有16岁，基本上意味着新生代农民工初中或高中一毕业就走上了外出务工的道路（全国总工会新生代农民工问题课题组，2010）。由于比老一代更早地离开老家，新生代农民工普遍没有老一代农民工所具有的一些经历，如缺乏在老家从事农业生产的经历（王春光，2001；韩长赋，2010b；全国总工会新生代农民工问题课题组，2010；张建武等，2011），当然，也包括他们的老家话水平不如老一代。例如，笔者曾在安徽傅村调查时发现，当地越是年轻的人越是不熟悉当地方言中那些有地方特色的词汇，尤其是跟农业生产相关的词汇，之所以如此，一个重要的原因就是该村的非农化趋势，越来越多的年轻人一出校门便进城务工去了，不再有像其父辈那样的务农经历（付义荣，2011：135—144）。

第二项差异涉及农民工学习普通话的途径，老一代农民工学习普通话的途径主要有三：学校、媒体和在城市的工作及生活经历，但新生代除了这些外，还有家庭教育及其他途径（见表4.3）。之所以存在这样的差异，或许因为新生代成长的年代正是中国社会异常活跃的时期，也是普通话得以迅速普及的时期；与老一代农民工相比，新生代有着更多的机会来接触并学习普通话，有着更强的动力去学习普通话。例如，新生代农民工的家庭成员，尤其是父母出现了普通话使用者，新生代们可以从其父母这里得到普通话的言传身教，而且一旦学会就可能在外出时用上，而这是老一代农民工所无法比拟的。之所以如此，是因为老一代农民工成长的年代还是中国实行城乡二元分割的时期，还是一个社会流动几近停滞的时期，农民不但不能自由进城，甚至也不能自由从事别的行业，在这个时期，一个人学不学普通话并不会影响其未来的工作与生活，这就使老一代农民工的父辈们很少有普通话使用者，当然也谈不上对他们的言传身教。这一点在安徽傅村的调查中可得到证实，改革开放前，傅村人并非没有机会接触并学习普通话，但直到改革开放后，才出现了最早一批普通话使用者，究其原是，因这时的傅村人可以从事非农行业，尤其是可以出外打工了，普通话成了他们实现向上流动的有利工具（付义荣，2011：84—87）。

第三项差异涉及新老农民工对城乡的适应能力，这方面的原因其实从社会学已有的研究中就能找到答案。这些研究很多都提及了新生代农民工相对老一代农民工所存在的不足，并对新生代农民工有可能衍变成社会问题表达了担忧。新生代农民工诸多不足中，最为明显的就是他们与父辈有着截然不同的生活经历与社会记忆。恰如有学者所描述的：新生代农民工的成长经历开始趋同于城市同龄人，在务工前也同城市里的同龄人一样，大多时间在学校读书，不熟悉农业生产，生活是优越的，没有挨过饿，没有受过冻，温饱问题在他们头脑里没有什么概念，忍耐力和吃苦精神远不及父辈，这一点与城市同龄职工也颇为相似（管雷，2011）。不只如此，与老一代农民工相比，新生代农民工进入城市的时间更短，融入城市的困境也更为明显（杨昕，2008；谢建社，2010）。张建武等（2011）在深圳的调查则发现：相对于老一代农民工，新生代农民工的流动性更强，稳定性也比较差，在其打工过程中，会经常更换工作岗位，甚至工作地点。胡书芝等（2004）认为这种高度流动性会加重新生代农民工的边缘化，进而引发一些极端越轨行为。持有类似观点的还有胡书芝等（2004）、谢建社（2010）、管雷（2011）、刘丽（2012）等，这些研究都在说明这样一个事实：新生代农民工还没有适应农村的生活便走进了城市，他们一旦在城市受挫，又因为不能适应农村而常常处于无路可退的境地，这种两难很容易造成他们心理失衡，不仅难以适应社会，甚至会导致一些极端行为，如犯罪、自杀等。如浙江省十里坪监狱对最近5年（2005—2010）入监服刑罪犯进行过调查统计，结果发现，新生代农民工服刑人员实施暴力犯罪和团伙犯罪占当年新入监服刑人员的50%以上，有些年份竟占到70%以上（管雷，2011）。行文至此时，各大媒体正在竞相报道又一起案件：温州某火锅店的一名服务员，仅仅因为客人对其爆了一句粗口，一时气愤不过，便回厨房打来一盆滚烫的开水兜头朝客人浇去，造成对方重度烫伤，而这名服务员正是一名年仅17岁的进城务工人员！（王益明、汪子芳，2015）在这起案件中，假如这名客人对这名来自农村的服务员多一些尊重，假如这名服务员对客人能多一些忍耐，或许就可以避免这场悲剧。除了犯罪，还有不少新生代农民工不堪在城市的压力而自杀，如2010年以来深圳富士康（Foxconn）连续发生的多起自杀事件，就暴露出新生代农民工的苦痛和心理的脆弱（约翰·加普，2011）。与新生代不同的是，老一代农民工既有在农村生产与生活的长期磨炼，也有在陌生城市的长期打拼，因此有着更强的城乡适应能力。有调查显示，年龄在45岁以上的进城农民工，他们中有相当一部分人都是有一技之长或经营有方从而能取得较高收入的农民工，他们拥有较长的城市从业、居住的时间，积累了一定的财富和人力资本，因而能在社会、文化、心理上融入城市社会（钱文荣、黄祖辉，2007：219）。

后两项差异涉及农民工语言使用与社会认同之间的相关性，其中老一代农民工在城里的语言使用与其情感归属之间，在城里碰到老乡或在城里的语言使用与其未来归属之间，相关系数都在0.3以上，达到了低度相关，而新生代农民工所有的语言使用与其身份认知、情感及未来归属之间都在0.3以下，只是弱度相关（具体见表6.7与表6.10）。相对于老一代，新生代农民工的语言使用几乎不受其社会认同的影响。为何如此？或许仍缘于新老农民工在城乡际遇上的代际差异，进而影响他们对城市、农村的认同。

按社会认同理论，人们具有多重社会认同，他们会随着环境的变化而选择其中某个（些）社会认同来适应这一变化，这就是所谓的认同协商（identity negotiation）。认同协商主要受以下三个因素的影响：一个人所具有的社会认同的数量及重要程度，其所在的环境，在该环境中其他人的行为和影响（Deaux, K., 2001）。对农民工而言，他们离开农村来到城市这一新的环境，他们的社会认同库中有没有形成城市认同和农村认同，还有城里人如何对待他们将决定着他们的认同协商。这在中国社会学的相关研究中也得以证实，如杨菊花等（2013）通过对具有时效性的、大规模的调查数据的分析，对北京市流动人口社会认同的特点、现状和影响因素进行了深入的考察，结果发现：本地市民的态度和两个人群（本地市民与流动人口）的互动交往对流动人口的社会认同至关重要。对农民工而言，"本地市民的态度"和"两个人群的互动交往"其实就是"城市环境中城里人的行为和影响"。前文已悉，城市对等农民工，无论新老，都存在种种不公和歧视，中国农民工之所以成为"候鸟型"流动人口，实际上与城市对他们的排斥不无关系。这就是说，新老农民工所在的环境——城市——是一样的，城里人对待他们的态度也几无区别，但他们的社会认同库是否也一样呢？这就不能不看他们与当地市民的互动交往及其他代际差异了。

据钱文荣（2007）、杨菊花等（2013）的调查研究，由于在城市居住的时间、经济收入状况等方面不如老一代农民工，新生代农民工与本地市民的互动交往则不如老一代农民工。不只如此，新老农民工在进城的动机、进城后的参照对象也存在差异。已有的一些研究说明，新生代农民工外出的动机不再像老一代农民工那样，只是出于经济的考虑，而是由经济型转向经济型、生活型并存甚至生活型，其心态亦由"生存理性"转向"发展理性"，如新生代农民工一般不再背负养家的压力，他们对工作更加挑剔，换工作也更加频繁，在工作强度与工资待遇不对称时他们可能宁愿不就业（童宗斌，2011；迟帅、金银，2012）。同时，新生代农民工多是从学校出来便直接走进城市，少有像老一代农民工那样在农村的务农经历与生存艰辛，甚至有不少人从小就是随父母进入城市并在那长大的。可以说，新生代农工身上的农业和农村的特征在减少，而城市的特征在明显增加，他们正在或已经由一个传统意义上的农民转型成为逐渐脱离土地和农业,独立于城市之中的新的阶层和利益团体(中国青少年研究中心,2008);在此情况下,新生代农民工的心理参照对象多是流入地人群,而老一代农民工更多的则是流出地人群(杨菊花,2013)。

阿尔弗雷德·格罗塞(Alfred Grosser,2010:5)说过:"过去之历史,无论是否被承认,都在目前诸多身份认同中占据着重要地位。"新老农民工在生活经历、社会记忆上的差异,也对其身份认同产生了影响。相对而言,老一代农民工更多的出于生存的目的将自己置身于城市,但凡在城里过得比在老家好,他们就能守住自己的工作与所在的城市,但新生代农民工则出于发展的目的将自己置身于城市,他们一旦发现自己的生活不如城里的同龄人,他们就会寻找下一份工作。这意味着,老一代农民工在心理上存在"农村与城市"的区分与比较,而新生代农民工在这点上相对缺乏。换句话说,老一代农民工比新生代更能体会"农村与城市"之间的差别,对城乡差别有着更加清楚的认知。理解这一点很重要,因为任何社会认同的形成都要基于个体对社会的差别意识。简金斯(Jenkins,1996:3—4)指出,认同(identity)一词具有两个含义,即同一性与独特性,前者说的是"同一",后者说的是"差别",它们构成了"认同"的两个不同方面,一个群体成员之间的相似性,其实也就构成了与其他人或其他群体的差别。王成兵(2004:9)也认为,人们对认同的确认,一般也是围绕着各种差异轴(譬如性别、年龄、阶级、种族和国家等)展开的,其中每一个差异轴都有一个力量的向度,人们通过彼此间的力量差异而获得自我的社会差异,从而对自己的认同进行识别。如是来看,农民工所要形成的城市和农村认同也应基于对城市、农村的区别性认知上,而新生代农民工在这点上的相对薄弱,就使他们比起老一代农民工,更难以形成相应的城市认同和农村认同。

这或许能够解释新老农民工在语言使用与社会认同相关性上的差异。当我们假设"越是认同城市就越有可能使用普通话,越是认同农村就越有可能使用老家话"的时候,实际上是设置了一个前提,即"农民工群体已经形成了自己的城市认同和农村认同",但实际上,城市认同和农村认同,作为一对相互区别而存在的认同,并没有在中国农民工这个群体形成。之前,我们以及其他诸多调查研究关于农民工社会认同模糊性的结论(参看本书第五章第二节)也证明了这一点。当明确的城市认同、农村认同还没有真正形成，那么也就谈不上对语言使用的影响。不过，相对而言，由于生活经历、社会记忆等的不同，老一代农民工对城乡差别的认知要胜于新生代，因此，老一代农民工比新生代有着更为明确的城市或农村认同，这或许就是老一代农民工的语言使用受其社会认同的影响为什么要比新生代稍大一些的原因。

（三）关于农民工语言使用的原因

如果说不是城市及农村认同在决定着农民工的语言使用，那又是什么呢？

笔者曾以自己的家乡——安徽省无为县傅村的进城农民工为例，对农民工语言使用的原因进行过深入的分析。傅村共有76户、307人，是一个中等规模的中国乡村。2004年调查时，傅村有1/3以上的人都在外地打工，主要去江浙一带以及离家较近的城市，如上海、南京、苏州、铜陵等地。经调查发现，傅村大多数农民工仍生活在城市的边缘，他们从事的多是一些非常低端的工作，其在城市的就业与生活仍依赖传统的关系网，方言仍是他们密切乡邻的最有效工具；另一方面，亦有一小部分不甘现状的人开始尝试更好的工作，并因此不得不和很多外地人打交道，渐渐地他们脱离了原本较为封闭的工作及生活，在此情形下，方言已难以胜任，而普通话就成了这部分人开展工作并拓展事业的最有效工具（付义荣，2010）。从中不难看出，普通话与老家话各有其独特的价值，并因此在农民工的社会生活中扮演着不同的角色。

首先，普通话是我国通用语言，可以方便农民工与外地人进行交流并接受来自大众媒体的知识和信息，从而帮助他们获得所需的Q值（Q-Value）[1]。按"推拉理论"[2]对人口流动的解释，农民工之所以离开熟悉的家乡来到陌生的城市打拼，主要是因为城市对他有着更大的"拉

---

[1] Q值是指语言的交际价值。荷兰语言学家德斯万（de Swaan）认为，Q不代表任何单词，就像数学中的X不代表任何单词一样，它是人们对不确定未来的一种美好憧憬，这是荷兰人的一种特殊用法（博纳德·斯波斯基，2011：102）。

[2] 1966年，李（E. S. Lee）提出了人系统的人口迁移理论——"推拉"理论。他首次划分了影响迁移的因素，并把它分为"推力"和"拉力"两个方面。他认为，前者是消极因素，因为这些因素促使移民离开原居住地；后者是积极因素，因为这些因素吸引那些想改善生活的移民迁入新的居住地。

力"，而追求尽可能多的经济利益自然是诸多"拉力"的核心。在此过程中，语言所具有的效用、成本和收益等经济特征，在人们的日常经济生活中扮演着关键角色（Marschak，1965）。按社会认同理论，在一个多元文化社会，支配群体的语言会成为这个国家的通用语，如果处于附属地位的语言族群能够讲支配群体的语言将会对他们有利；相反，如果附属群体做不到这一点，那么他们就会在社会和经济方面处于非常不利的地位（迈克尔·豪格和多米尼克·阿布拉莫斯，2011：248）。事实上，一个被多次验证的结论是，移民或少数语言群体若能熟练地掌握主流语言，那么语言能力将作为一项人力资本优势，使其主体在劳动力市场和工作组织中更具竞争力并带来更为丰厚的经济回报（秦广强，2014）。

普通话是在北方方言的基础上形成的国家通用语言，不仅是我国支配群体的语言，也是我国的主流语言，对于身处社会低位的广大农民工来说，一旦掌握这种语言，无疑会有利于他们获得更多的经济回报，否则他们将处于非常不利的地位。据李强（2002：253）在1996年所做的全国调研数据，普通话程度每提高一级，我国城镇职工的经济收入便可增加7.27%。秦广强（2014）2008年在对进京农民工所做的一次调查中发现，无论是刚来北京时还是现在，普通话熟练的农民工的月收入均高于普通话不熟练者；随着时间的演进，尽管普通话熟练者与不熟练者的经济收入都有所提升，但二者间的收入差距却在不断拉大，从刚来时1.20的比值扩大到调查时点的1.36倍。另外，如果不掌握普通话，农民工在城市的生活将多有不便。如刘玉屏（2010b）的一项调查显示，农民工中分别有12.6%、37.4%和40%的人曾经遇到过因语言不通而影响求职、影响日常交际和影响工作的情况；国家语委的调查报告（2006：117）指出，方言和很不标准的普通话，在很多情况下限制了农民工就业的机会，在一些普遍使用普通话的行业里，他们很难找到适当的岗位。此外，普通话的使用还有其他一些好处，葛俊丽（2011）2011年在杭州的一项调查显示，对城市新移民[①]而言，使用普通话可以

---

① 按葛俊丽（2011）的定义，这里的"城市新移民"是指20世纪80年代中国改革开放以来，通过正式或非正式途径实现自我或家庭的区域性迁移，已在移居城市获得相当稳定的工作或依据并具有定居意愿的流动群体。它主要包括三类：一是拥有农村户籍的原农村居民，即农民工群体，他们是城市新移民的主要构成部分；二是拥有城市户籍但来自其他城市的移民；三是来自外地的大学毕业生。

较好地掩盖乡音,避免母语方言中隐性信息的泄露;同时,普通话容易使交流双方地位趋于平等,其身份被对方认同。可见,普通话对农民工经济收入的促进作用是不言而喻的,也是很容易理解的:作为国家通用语言,掌握普通话就意味着你能够与无限多的外地人顺利地交流,就可以很方便地从报刊、书籍、广播、电视、网络等媒体获得所需的知识和信息,这些无疑会有利于农民工找到更加理想的工作、拓展更大的生存空间、增强自身的劳动技能,当然也会显著提高他们的经济收入乃至在城市的适应能力;而作为国家通用语言,普通话的跨地域性掩盖了农民工的外地人身份,使他们能够在交际中得到他们企盼的平等。

其次,老家话是一方之语,具有其潜在的声望和价值,可以帮助农民工在外地获得难能可贵的社会支持与情感支持。普通话之于进城农民工的巨大作用并不意味着农民工在任何情境中都要使用这种语言,例如在与家人(基本上也与说话者来自同一个地方)、老乡等的交流中,使用普通话不但不会带来上述相应的 Q 值,反而会给农民工在城市的工作、生活带来负面影响。兰姆伯特(Lambert,1979)认为,语言作为一种显著的族群标识,它的消失会导致异常感和低自尊,同时,在使用支配群体语言的时候有叛离的(betrayal)感觉。作为一方之语,方言是一个地区的显著标识。对于生活在同一地区的人来说,其母语方言的消失也将导致异常感和低自尊。为此,同一地方的人往往会在他们的母语方言消失之前采取保护措施,甚至会有过激的反应,例如会反对其他语言或方言在本地区的推广和使用。2010年,我国广州市发生的"撑粤语"事件实际上就反映了当地人对粤语可能消失的担忧,从而引发了他们对推普的过激反应。边克尔·豪格和多米尼克·阿布拉莫斯(2011:250)则认为,在内群成员之间使用别的语言或方言实际上是一种同化的表现,它将引发内群反应,其中就包括给那些已经准备接受外群同化的内群成员扣上污名的帽子。这在社会语言学的诸多研究中也得以证实,如特鲁杰(Trudgill,1972)在英国诺里奇市(Norwich)的调查中发现,如果诺里奇人在诺里奇市说标准英语而不说诺里奇英语,那几乎肯定会被身边的朋友、家人视为愚蠢、傲慢和忘本。类似的现象也发生在中国,如在我国山东,"那儿的人对普通话有心理上的需求,往往嫌弃自己的方言'土气''不好听';但是,当某个人真正改用普通话的读音时,又常常遭到周围人的冷眼非议,用山东话说是'撇'"(张树铮,1995)。笔者在安徽无为县傅村的调查中也发现,当几个傅村人在一起聊天或喝酒时,如果某个人有意无意地使用普通话的音调来说话时,往往便有其他人半开玩笑半认真地指责他:"和我一样在外也没待几天,别撇□[tʻe²¹³]吧!"①,甚而有一次还以笔者为范来指责对方:"你看人家(指笔者)都是大学老师了,回来后还说我们家里话,你就别献丑了!"(付义荣,2011:70)对于此类现象,特鲁杰(1972)最后将此归结于语言的非标准形式具有潜在的声望和价值,即具有团结亲朋、同乡的功能与作用。

方言的这一独特功能与作用,对于中国农民工来说有着非同一般的意义。这是因为与城里人相比,中国农民工在城市的工作、生活仍具有内倾的特点,就像李培林(1996)所言的:"农民工在'离土离乡'的社会流动中,其信息来源、找到工作的方式、进城工作的行为方式以及在城市的交往方式,都更多地依赖亲缘、地缘为纽结的社会关系网络。"本人对安徽傅村进城农民工所做的调查也证实了这一点,如在上海务工的35位傅村人中,其进城的第一份工作,无一例外都是依靠老家的亲戚、朋友等获得的(付义荣,2011:79)。而在本次问卷调查中,我们也对新老农民工的求职情况进行了了解,结果显示:新老农民工现有的这份工作分别有80.3%、89%的人是通过"家人、亲戚、朋友或老乡的介绍"找到的,而通过"单位在老家招工"、"劳务市场或职业介绍所"、"地方政府部门"等途径找到工作的合计分别为19.7%、11%。或许这样一段话最能概括中国农民工在城市的现实处境:"农民工故有的血缘与地缘关系对其求职起着重要的社会支持作用。由于现行的社会保障制度还没有惠及数量庞大的农民工群体,在缺少政府、企事业单位和城市与社区支持的情况下,血缘与地缘关系网络可以帮助农民工减轻忧愁和负担,避免农民工陷入孤苦无助的处境。这种初级的关系网络不仅为大多数农民工提供了第一份职业,而且提供了必要的感情和心理支持,同时帮助农民工逐渐适应和融入社会。"(李怀,2007)很显然,

---

① 在无为方言中,"撇□[tʻe²¹³]"就是故意用外地口音拿腔拿调地说话,类似于"耍洋腔"之意。

保持与老家人（主要为家人、亲戚、朋友及其他老乡）的交往对于农民工是多么的重要，这也决定了农民工不得不高度重视这种交往，而方言的独特作用亦正好暗合了农民工的这一需求，对它的使用自然顺理成章。

可见，农民工的语言使用，其实出于更为现实的需要，出于在城市更好地生存与发展的需要。他们对普通话与老家话的区别使用，不过是将这两种语言蕴含的价值最大化而已。从某种意义上说，新老农民工都是很好的语言经济学家。

二 个案式解释

2015 年 5 月 15 日，FT 中文网（www.ftchinese.com）[①]发表了《一个中国农民工的故事》（以下简称《故事》）这样一篇文章。故事的主人公向菊女士，1970 年出生于湖北省宜昌市乡下一个叫向家湾的村子，2009 年来北京从事家政服务工作，2015 年返乡过年期间，作者吉密欧（时任《金融时报》北京分社社长）随程采访了她及她的家庭。

向菊与其丈夫向里红因生计所迫，分别在不同的地方务工：向菊 2008 年去了北京从事家政服务，向里红则于 2010 年去了非洲的喀麦隆建造水电站大坝，但不久便因身患疟疾回国，康复后又受雇在宜昌修建公寓。在外务工虽然改善了他们原本债务缠身的窘迫，但也失去了其他很多东西，包括日益冷淡的夫妻关系和照看两个女儿长大成人的机会。这虽是一个"70 后"农民工的故事，但却很有代表性，亦非常切合我们此次调查所得出的一些结论。例如，作为一名农民工，向菊有着很多农民工都有的矛盾心理，她一方面对城市充满了期待，梦想有朝一日拥有自己的公司，希望自己的两个女儿接受良好的教育，不要再像她那样到头来又成为大城市的农民工；另一方面在城市受歧视和欺凌的经历又让她念念不忘农村的田园生活，坚称自己的最终目标还是返回老家，自己种菜吃，过简单的生活。向菊的处境一如作者吉密欧（2015）在文

---

① FT 中文网是英国《金融时报》（*Financial Times*）唯一的非英语网站，旨在为中国的商务人士和决策者们提供来自英国《金融时报》的权威性全球财经新闻、分析以及评论。它所提供的文章涉及商务、金融以及经济等多个领域，其中大部分由英国《金融时报》当日所刊登的文章翻译而来，其余为 FT 中文网记者们的原创。

章中所描述的："她（向菊）也意识到自己陷入了进退两难的境地：一边是被浪漫化的童年农村生活，另一边是改变了她的大城市。"

在《故事》中，作者吉密欧向我们重点描述了不同的城市经历对于农民工有着不同的改造，这其中也包括语言的使用。最初来北京时，向菊一心只想着多赚钱好偿还债务并供女儿上学，这一点与她的丈夫并没什么分别。然而，向菊来的是北京，她从事的是家政服务工作，多年来都与家境优越的北京雇主相处，这不仅开拓了她的视野、提升了她对未来的期望，同时也让她的普通话越说越好；反观她的丈夫向里红，只是一个建筑工人，所交往的多是与他一样的农民工，若非老乡几乎听不懂他的口音。向菊与其丈夫向里红在语言使用上的差异，与我们在调查傅村农民工时得到的发现是一致的。向菊从事的家政服务，实际上就属于开放性工作，她所面对的雇主往往都是那些经济收入高、文化程度高，重要的是，这些雇主没有地域限制，如《故事》中描述，向菊在北京的第一份工作就是在一户人家做饭、打扫卫生并照顾一名一岁的小孩，而小孩的母亲是中国某顶尖大学的教授，父亲则整日在家炒股。然而，丈夫向里红则是另一番情境，无论在喀麦隆还是在宜昌，他从事的建筑工作都极具封闭性，其大部分时光都是在工地与工友们度过，而这些工友很多亦都来自农村，其中不乏他的老乡。两相对比，向菊既有说普通话的迫切需要，也有学习普通话的有利条件，而向里红显然缺少这些，普通话说得不好也就成了必然。向菊夫妻在语言使用上表现出来的差异很好地印证了我们的结论，无论是使用普通话，还是使用老家话，其实质仍旧是农民工在城市生存与发展的需要。

不过，作为一个个案，《故事》透露的信息或许更要全面一些。向菊夫妻在语言使用上的差异，根本原因虽然在于职业的差异，在于实际的需要，但也不能说与他们的社会认同毫无关系，这一点在妻子向菊身上表现得要明显一些。最初，向菊进城务工的唯一目的就是赚钱，但当她在北京待得久了，她越来越认同城里人的生活方式，从担心吃了上顿没下顿的年轻女子，变成了一个害怕变胖、追随新潮减肥计划的中年女人；她由老家话转为比较标准的普通话，何尝没有模仿雇主或其他城里人的因素呢？就像吉密欧（2015）在文章中所称的那样："就连她说话的方式也变了。在英国，从曼彻斯特、利兹或格拉斯哥去伦敦的人会渐渐软化自己的口音，直到听起来像是泰晤士河流域出生的人。就像他们一样，向菊浓厚的农村腔也转变为比较标准的普通话。"向菊对城市的认同以及由此引发的观念、生活上的变化，丈夫向里红的感受最深，他在一次酒后向作者坦言："去了北京之后，她的期望变了，她觉得自己想要更多的东西，我已经给不了她了。"很明显，经过城市的历练，向菊所需的不再只有金钱，她想成为一个真正的城里人。只不过，想法是一回事，现实又是另一回事。作为一个家政服务人员，一个只有初中文化的中年妇女，向菊要想实现她的城市梦显然困难重重。更悲催的是，就在此次回家过年之前，她有一次意外摔倒在结冰的人行道上，结果不得不花了7万块钱接受膝关节重建手术，而这笔钱很难得到政府报销，这使她再次背上债务。向菊的农民工经历，实际上是一个令人心酸的故事！

《故事》本来是作者吉密欧借"春运"之机展现中国农民工的生存现状，进而探讨中国经济、社会的未来趋势，但无意中为我们的研究做了一个很好的注脚。不过，向菊毕竟是一个"70"后，属于老一代农民工，如果要更真切、更全面地了解新生代农民工的语言使用与社会认同，仍旧需要新生代农民工的真实故事。为此，我们在自己众多的采访中选择了一个农民工家庭的故事，这个家庭是由两个家庭合并而成，其中丈夫带一个女儿，妻子带一个儿子。肖俊（化名）是这个家庭的男主人，1971年生于安徽无为县一个普通的乡村。1991年，在连续三次高考失败后，作为家中长子的肖俊，为了减轻父母的负担，不得不彻底放弃自己的大学梦，回归田地做起了农民。为了贴补家用，在农闲时他甚至还去附近的煤矿下矿井做了一名背煤工人。1993年，经人介绍，肖俊与邻乡的一个女子结了婚，次年生了一个女儿。1995年，肖俊与亦已成家的大弟从原来的家庭分出去，开始了独自养家的生活。

然而，90年代正是中国农民负担最为繁重的时期：国家要提取农业费、农业特产税、屠宰税等税费，集体则要征收"三提五统"[①]，此

[①] 集体向农民征收的费用统称为"三提五统"，也被称为"乡统筹和村提留"，"三提"是指公积金、公益金、管理费；"五统"是指计划生育费、民兵训练费、教育附加费、优抚费、乡村道路建设费。

外还有各项行政事业收费、摊派、集资、罚款等。有人曾统计，1987年，农民每亩负担100斤粮食；1990年，农民每亩负担70元，折合250斤粮食；到1998年，农民每亩负担180元，折合粮食400斤；另外还有人头负担100—400元/人不等（李昌平，2004：71）。除了缴纳的各项费用在不断增加，农民种田的成本也在不断增加，化肥、农药、种子等价格不断上扬，而粮食价格却在不断走低。诸多因素最终导致我国农民的农业收入自1997年以来开始下滑，1998年比1997年减少了30多元，1999年减少了50多元，而2000年减少了40多元（王义祥，2006：84）。负担过重、收入减少使大批农民纷纷脱离土地，加入农民工的行列。肖俊所在的龙泉村就是如此，如今有超过1/3的龙泉村民在外务工，而大部分都是在这一时期走出家园的，其中就包括肖俊与他的弟妹们。

  一开始，肖俊与他的大弟及其他几个同村人，都在上海的杨浦区从事捡破烂工作，而他的妹妹则在杨浦的一家奶牛厂挤牛奶，小弟则在苏州的一家餐馆跟着师傅学习厨艺。肖俊的这份工作也是由一个亲戚介绍来的，他们租住在当地农户搭建的棚屋里。那儿地处市郊，来自市区、工厂等的垃圾常常在此堆倒，于是在这一区域形成好几个垃圾场。每天天刚亮，肖俊一帮人就要离开租住房，骑上三轮车转战各个垃圾场，翻捡他们所需的"垃圾"：废纸盒、旧报纸、塑料瓶、易拉罐等，但他们最喜欢的却是周边工地、工厂丢弃的"垃圾"，因为里面往往混杂着各种金属边角料。因此，每当这样的垃圾车一到，大家总是一哄而上，同行间甚至为此而发生争吵、打斗。在捡破烂之余，他们中也不乏一些小偷小摸的事。采访中，肖俊就给我绘声绘色地讲起他的一位老乡。那时，上海当地人家烧锅做饭用的还是煤球炉，炉子有时就搁在屋外。一次，这位老乡一看四周无人，马上拿起炉子上的铝制水壶，将水倒掉，一脚把壶踩扁，往编织袋一塞，背上就走，一边走一边袋子里还在往外冒热气。

  捡破烂虽然又累又脏，但收入要比在老家种田好得多。不久，父母、妻儿也跟着肖俊来到了上海一起捡破烂。不幸的是，1999年的一天，肖俊的妻子在一次外出捡破烂后，就再也没有回来，迄今不知下落。2004年，肖俊与同村一位女子（原配丈夫也是一名农民工，从事建筑，一次不慎从脚手架上摔下，不治身亡）重新组合成新的家庭。经过多年打拼，肖俊已在老家盖起了一座两层小洋楼。现如今，父母已回老家，一则帮他的两个弟弟照顾尚且年幼的孩子，二则照看他及弟弟们新盖的楼房；肖俊与现任妻子仍在上海捡破烂，不过，工作条件比以前要好一些，他们添置了金属探测器，这为他们找到废旧金属省了不少力气，而且他和司机们处得不错，答应以每车200元的方式向司机们购得垃圾的处置权，这样就不用和同行们争抢了。

谈及未来，肖俊说："现在我还不算老，再干几年，待干不动了，就回老家。现在我也没什么负担，孩子都大了，房子也盖了。还是农村养老好，这城里人活得其实也挺受罪的，吃的、喝的，甚至空气也比农村差！"因为与我是老乡，肖俊跟我说的都是无为话，但由于长年在外，其中也不时夹杂着一些普通话的词汇和腔调。不过，在跟废品收购站老板（江西人）讨价还价的过程中，他则一直努力说着并不十分标准的普通话，与之前跟我所用的语体有着明显的区别。肖俊现任的妻子比肖俊大6岁，没有读过书，她主要负责家务，平时也随肖俊一起出去捡破烂。我自始至终都没有见到她说过普通话，她称自己普通话说得不好，只能会一些简单的交流，像去菜市场买菜之类的可以应付，与外人交际还主要靠肖俊。这对夫妻属于典型的"男主外，女主内"，生活如此，在语言的使用上也如此。

谈及普通话，肖俊说自己是在打工的过程中逐渐学会的，并没有刻意地去学习，更没有参加普通话培训班什么的，虽然自己也读到了高中，但他们那个时代，中小学老师几乎都是本地人，普通话一则说不好，二则说了会计周围人笑话，所以并没有在学校学习普通话。他还认为，今天在外打工的人，说普通话是必需的，否则很难在城里混下去，且不说找工作之类的，就是问个路、买个东西，你说老家方言，谁听得懂啊？对于老家话，肖俊也有着自己的见解。他说："老家现在变化太快了，过年时我特地去了一趟县城，简直都不认得了，虽然我在这个地方因为复读待过一年。人们吃的、穿的、住的、玩的都和以前大不一样，但有一样没什么变化，那就是无为话，你听到的仍是那个味。我们在上海，如果听到有人说无为话，就觉得他比其他人亲切三分，哪怕我不认识他。"

肖俊与现任妻子结婚后没有再要孩子，现在的两个孩子，王浩（23岁，初中文化）与肖莹（22岁，初中文化）其实是一对异父异母的兄妹，他们同时也是一对恋人，准备这个春节就回老家办婚事。目前，他们都在杭州一个亲戚开的大理石材厂上班。这个厂大部分人都是来自无为的老乡，有的还是亲戚。因此，王浩与肖莹平时说的大部分仍旧是老家话。不过，他们的普通话说得也不错，足以应付他们在城市的工作与生活。谈及普通话是怎么学会的，他们说在学校读书时，老师们都要求学生们讲普通话；还有看电视，另外一个重要因素就是，在外打工的父母经常趁他们放暑假时，把他们接到城里住上一段时间，在此过程中，普通话也得到了很好的锻炼。可见，与他们的父母相比，他们在很小的时候就有更多的机会学习并使用普通话。当我问他们，在城里为什么不一直说普通话？王浩说："要是见到家里人、老乡也说普通话，那他们肯定以为我是个孬子，脑子坏了。"肖莹则在一旁补充道："那也不好意思呀，开不了口。"他们的回答并未出乎我的预料，无外乎前面提道的："在内群成员之间使用别的语言或方言实际上是一种同化的表现，它将引发内群反应，其中就包括给那些已经准备接受外群同化的内群成员扣上污名的帽子。"（迈克尔·豪格和多米尼克·阿布拉莫斯，2011：250）而这种"污名的帽子"对于维系老乡间的良好关系无疑是有损害的，这对本就处于城市边缘的农民工来说显然是极为不利的。

与肖俊一样，作为新生代农民工的王浩与肖莹亦深谙语言使用之道，能够将普通话与老家话的使用与自身的处境很好地结合在一起，从而将这两种语言的价值最大化。但与肖俊不一样的是，王浩与肖莹都希望他们能像其姑夫（肖俊的妹夫）一样，将来也拥有自己的大理石建材厂或其他的什么厂，无论如何都不能像他们的父母那样打一辈子工，直到打不动时回老家。王浩还表示，自己并不羡慕城里人的生活，其实只要有钱，哪个地方都能过得很好，哪怕是农村，你要是有钱，吃的、喝的都是天然的，比城里人还好。

很显然，肖俊这家人之所以都在外打工，最主要的目的就是赚钱，他们对于城市或农村也没有什么明确的认同，只要能挣到钱，在哪里都可以；其语言使用亦多围绕这一目的，看不出他们的语言使用与其城市或农村认同有什么关系，这与我们在前面得出的结论基本是一致的。

三 小结

本节，我们结合自己以及他人的调查研究，对新生代农民工的语言使用与社会认同进行了通则式和个案式解释。

关于新生代农民工语言使用与社会认同的相关性，我们认为，普通话正成为我国全民性的交际工具，它并不是城里人或城市社会的标识，而汉语方言不仅在农村，在城市也拥有大量的使用者，它依旧是重要的区域标识。这就意味着，我们并不能从对方使用了普通话或汉语方言来判断他（她）是城里人或农村人，但可以从他（她）所用的汉语方言来大致判断他（她）来自哪个地方。此番解释不仅仅适用于新生代农民工，也适用于老一代乃至整个农民工群体。

无论是语言使用，还是社会认同，新生代农民工和老一代彼此间可谓大同小异。其"大同"的原因在于：这两个群体进城后都面临几乎相同的且难以克服的障碍，他们都难以融入城市而处在城市的边缘。身处此境中的新老农民工，尽可能抓住一切有利条件以适应自己在城市的工作与生活：在语言层面，他们使用普通话与城里的陌生人打交道，以获取相应的城市资源；使用老家话与老乡联络感情，以获得城市社会所没有的社会支持。但毕竟这是两个不同时代的群体，由于成长经历、社会记忆等的不同，他们在老家话的水平、普通话的学习途径以及对城乡的心理适应能力等方面都具有一些差异。需要说明的是，虽然整体上，对城乡的社会认同对新生代、老一代农民工的语言使用影响都不大，但相对而言，新生代农民工在这方面的影响不如老一代，其原因主要在于新生代农民工对城乡的区别性认知不如老一代，更难以形成相应的城市认同和农村认同。除了通则式解释，我们选择的两个个案，也进一步对新生代农民工乃至整个农民工群体的语言使用与社会认同进行了解释，而且也验证了通则式解释得出的一些结论。

总之，新老农民工在城市的边缘性特征使他们并不能形成明确的城市认同和农村认同，当然也就谈不上对其语言使用的影响，而普通话与老家话各自具有的特质及其具有的不同价值，正好应和了新老农民工在城市的不同需求，从而成为他们进行外部和内部交际的主要工具。

第七章 结　语

诸多研究表明，认同往往是优先于其他语言选择的因素（Ferrer, 2003）。然而，就我们对中国农民工的调查来看，则是另外一番情形。无论新生代还是老一代，中国农民工都能够根据环境的内外有别选择相应的语言：普通话主要用于外部交际，老家话则主要用于内部交际。如此使用可以让这两种语体的价值实现最大化：说普通话可以方便他们在城市的生活与就业，甚至能拓展他们在城市的生存空间，实现向上的社会流动；说老家话可以密切与同乡、亲朋等之间的关系，可以让他们获得在城市难得的社会支持和情感支持。很显然，农民工的语言使用更多的是出于现实利益的考虑，而不是出于对城市或农村的认同。这一结果并没有证实我们最初的假设。在农民工群体，无论新老，都没有表现出"越是认同城市就越有可能使用普通话，越是认同农村就越有可能使用汉语方言"的特征，更没有表现出"新生代比老一代更认同城市，所以更有可能使用普通话；老一代比新生代更认同农村，所以更有可能使用汉语方言"的特征。这不仅有利于破除我们关于普通话与汉语方言的偏见，也有利于我们更加清醒地认识中国农民工的生存现状和未来发展。

首先，将普通话与城市、汉语方言与农村简单地对应起来，这或许只是我们的偏见。现实生活中，这样的偏见并不少见。例如，在电视、电视、小品、小说等文艺作品中，说一口普通话的往往都是知识分子、公司白领、官员干部等社会高位者（他们绝大部分生活在城市，是城里人），而一口方言的往往都是农民、农民工等社会低位者。在普通话还未普及或刚刚普及的时候，现实或许真的如此，但随着改革开放的深入，随着社会流动的日益加快，随着国民对普通话的需求越来越大，普通话正以前所未有的速度在全国普及，甚至在全球范围内亦引发了"汉语热"或"中文热"。在此情形下,普通话已不再专属于某一小群人,它正成为我国全民性的交际工具。今天的中国,从国家领导到平民百姓,从大众传媒到学校教学,从单位办公到私下交际,普通话的使用已成风气。从我们以及他人的调查研究来看,即便是农民工群体,无论是新生代还是老一代,绝大多数亦能够自如地使用普通话。普通话为进城农民工的工作与生活提供了极大的方便,它正成为这一群体最主要的外部交际语言。与此同时,我国城乡依旧拥有大量的方言使用者,方言一方面仍旧是一个地方主要的交际工具,另一方面也是漂泊者与老家保持情感或社会联系的重要纽带。方言虽然不是我国农村的社会标识,但依旧是重要的地域标识,具有其潜在的声望,是城乡居民表达本土意识或密切乡邻的重要载体。对于生活在城市边缘的农民工而言,方言的这一独特作用尤为重要,它将是他们获得老乡支持、帮助的重要保障。

其次,农民工能够较为自如地使用普通话与汉语方言以应对在城市的工作与生活。作为一个流动群体,要想在流入地生存并发展下去,掌握一门通用语显然是必需的,否则就会处于十分不利的地位。对流入城市的农民工而言,对此自然有着深刻的体会,他们有意无意地通过这样或那样的方式掌握了普通话这一通用语,为其在城市的工作、生活提供了诸多便利。不仅新生代农民工如此,老一代也是如此,我们的研究并未发现前者普通话的使用概率和水平比后者更高。与此同时,农民工们也没有轻易地丢弃老家的汉语方言,在与家人、朋友以及其他老乡的交流中,老家话仍是最为主要的交际语言,成为他们保持亲密关系的润滑剂。而且我们的调查也没有证实,汉语方言发展至新生代农民工这里便发生了明显的萎缩。可以说,中国的农民工还是能够意识到普通话与汉语方言这两种语体的不同作用并够充分地加以运用。由此来看,中国农民工至少在语言使用这个层次上为自己的市民化做好了准备。当然,由于所从事的工作存在差异或其他原因,有些农民工迄今还不会说普通话或只会说一些简单的普通话用语,但这部分农民工毕竟只是一小部分,并非农民工的主体。

最后,新老农民工的社会认同并没有表现出我们所期望的代际差异。中国的农民工之所以成为问题,就在于这一群体的"候鸟型"特征:他们一方面难以融入城市,不能成为真正的市民;另一方面也难以回归农村，再过之前的那种日子。农民工的"候鸟型"生存，不仅增加了国家管理的成本，而且也是社会动荡的一大隐患。有调查证实："大多数农民工仍在不同城市之间频繁流动，这不但阻碍其融入城市社会，也不利于形成稳定的城市劳动力供给，还会限制城市服务管理职能的发挥"（刘茜等，2013）。著名社会学家刘易斯·A. 科瑟（Lewis A. Coser）（1990：441）则认为："如果统治者精英不设法吸收平民阶层中的卓越人才，如果精英的流通被阻塞，那么，就会出现国家和社会的失衡，就会使社会秩序混乱。"农民工虽然身处城市低层，但在农村，他们多是精明强干的一类人，算是"精英"，这已被相关研究所证实，如刘豪兴（2004：208）、孙立平（2004：305）、李强（2004：126）等。如此多的"精英"如果涌入城市并只能以"农民工"而不能以"市民"的形式存在，那亦将会出现国家和社会的失衡，就会使社会秩序混乱。一年一度全球最大规模的人口运输大潮——春运，还有农民工群体居高不下的犯罪率，其本身就是一种失衡或混乱。此外，"候鸟型"生存对于农民工个体而言，也造就了太多的苦痛和不幸，就像向菊与肖俊那样。李克强总理的这番感触或许最能反映农民工的现状：

"春节前，我去贵州考察，非常有感触。"昨天，总理向代表们讲起了他与农民工的一段对话：当时在一个高速公路服务站，我看到了一群农民工，他们是从广东、浙江、江苏等地回老家贵州过春节的。我问他们有什么愿望，他们中的多数回答说，想回贵州就地打工就业。我问他们为什么，他们回答，"老娘在家，孩子在家，出去十多年了，没有尽到孝，没有尽到责任"。我问他们在外地过得怎么样，他们当着我的面就流泪了。我问"怎么了？"他们说"心酸"。原来，他们很难完全融入当地，很多待遇是不平等的，不只体现在社会公共服务，还有企业薪酬。所以，他们说，多数人想回家。（郑春平等，2015）

很明显，"多数人想回家"其实是无法真正融入城市的无奈。因此，解决农民工问题的关键，还是想方设法让他们能够融入城市，实现从"农民"到"市民"的转变。《国家新型城镇化规划（2014—2020

年)》明确指出：城镇化是现代化的必由之路，是保持经济持续健康发展的强大引擎，是加快产业结构转型升级的重要抓手，是解决农业农村农民问题的重要途径，是推动区域协调发展的有力支撑，是促进社会全面进步的必然要求。[①] 然而，城镇化的核心内容是"人"的城镇化，确切地说，如果我们不能把足够多的"农民"或"农民工"转换为"市民"，中国的城镇化将无从谈起。诚如中国社会学会会长郑杭生所说："21世纪是中国城市化的世纪，更为具体地说，就是农民工市民化的世纪。"[②]

然而，农民工的市民化并非易事。诸多事实认为，"流动者在流入地的社会融入始于经济融合，经过社区参与，最后达到身份认同的境界。身份认同是归宿感的表现，是整个社会融合的重要指标，只有当流动人口对流入地有很强的认同感和归属感时，只有当他们认为自己是当地人时，才真正融入到流入地的主流社会"（国家人口和计划生育委员会流动人口服务管理司，2011：73）。这就意味着，中国农民工要实现市民化，不仅要在经济上能与市民相匹配，还要在行动上和他们一起参与到社区中，更重要的是还能够形成对所在城市的认同。只有当农民工实现了心理上的交融和身份上的认同时，我们才能认定其真正地融入了城市社会（同上：60）。就我们此次调查的结果来说，农民工总体上还未形成明确的城市认同，并且这一状况即便到了新生代农民工这里也没有得到多大改善，这就意味着我国农民工的市民化必将是一个长期而艰巨的过程。

任何问题的顺利解决，都以对问题深入、全面的了解为前提，了解得越深入、越全面，我们才能越顺利地解决问题。我们的研究及其发现，对于顺利解决农民工问题显然具有重要的现实意义，它至少使我们认识到，语言使用并不是农民工问题的症结，我们甚至可以说，农民工群体已经在语言上为融入城市做好了准备，而他们今天之所以仍是一个徘徊于城乡的"候鸟型"庞大群体，其原因其实在于城市乃至整个社

---

① 参见《国家新型城镇化规划（2014—2020年）》，《人民日报》2014年3月17日。
② 这是郑杭生为谢建社（2011）《新生代农民工融入城镇问题研究》一书所作序言里的话。

会并没有为他们融入城市做好相应的准备，进入城市的农民工从一开始就顶着"农民"与"外地人"的双重身份并因此遭遇种种不平等对待，这种处境即便发展到新生代农民工这里也没有得到明显的改观，这无疑阻碍了农民工群体对城市的认同，当然也阻碍了他们的市民化道路。因此，在未来的工作中，相关部门要将更多的精力投入到改革户籍制度、改善农民工生存环境等中去，要在如何为农民工提供平等的发展机遇、消除针对他们的偏见上多下工夫，而不是在教导他们如何使用语言上浪费宝贵的精力。

社会学家艾尔·巴比（2009：91）认为，"探索性研究通常用于满足三类目的：（1）满足研究者的好奇心和更加了解某事物的欲望；（2）探讨对某议题进行细致研究的可行性；（3）发展后续研究中需要使用的方法"。作为一项探索性研究，本课题也在一定程度上满足了我们的好奇心，让我们对中国新生代农民工的语言使用与社会认同有了一定的了解。但不得不说的是，本课题的研究仍旧有些粗糙，仍旧有进行更为细致研究的必要，而且在研究方法上也有需要完善之处。虽然本课题名为"中国新生代农民工的语言使用与社会认同"，但具体来说，我们所考察的只是"新生代农民工对普通话或老家话的使用跟他们对城市或农村的认同之间的关系"，这离全面了解中国新生代农民工的语言与社会认同之间的关系显然还很远，很多问题都有进一步研究的必要，甚至根本没有涉及。

首先，普通话或老家话与其他社会认同之间存在怎样的关系。对每个人而言，"我们"都是多重性的、多样化的，完全不具备单一的属性（阿尔弗雷德·格罗塞，2010：6）。换句话说，一个个体可以同时具有多种社会认同（Brewer，2001）。虽然我们没有证实普通话、老家话跟城市、农村认同之间的关系，但不代表普通话或老家话的使用就与所有的社会认同没有关系。"语言行为就是认同行为"（Le Page and Tabouret-Keller，1985），对普通话或老家话的使用应该能够体现说话人其他的社会认同。如果说普通话能够体现其他的社会认同，那这些认同究竟是什么呢？作为一方之言，老家话除了是一个地方的标识外，是否还能体现其他社会认同呢？这些认同又是哪些呢？这些问题还将有待于我们做进一步的调查研究。

其次，城市或农村认同究竟如何影响我们的语言使用。如果说农民工对城市或农村的认同对其使用普通话或老家话没有多大影响，那这是否意味着，对城市或农村的认同对我们任何层次的语言使用都没有影响呢？恐怕还不能。事实上，语言和认同之间的关系如此密切，以至语言使用中的单个特性就足以辨别说话人是否为某个群体的成员，人们有时单凭对方话语中的一个音就可以将这个人归属于某个社会群体或从这个群体排除出去（Tabouret-Keller，2001）。这就是说，当一个人需要表达某种认同时，他可以通过使用语言中的某个（些）语音、词汇或语法方面的特性来实现。例如，特鲁杰尔（Trudgill）发现，英国的诺里奇市（Norwich），低层工人阶级（LWC，Lower Working Class）的说话人会百分百地使用（ou）（know、old 等英语词汇中的元音）的非标准形式，之所以如此，是因为他们认为这一非标准形式与他们所认同的群体，即 LWC 密切相关（Hudson，2000：248）。以此来看，农民工虽然不是通过普通话或老家话等整个语言变体的使用来表达城市或农村认同，但并不能排除他们有可能使用普通话或老家话以及其他语言中的某个（些）语言特性来表达这些认同。那么，这些语言特性是什么呢？不同的这些特性与所联系的社会认同之间是否存在程度上的差异？哪些联系得更紧密，哪些更疏远呢？这些问题亦将有待我们在下一步的研究中作出回答。

最后，如何应对农民工调查中的两难。虽然关于中国农民工的文献繁如天星，但农民工实际上是一个很难被调查和研究的群体，其原因就在于这一群体的数量庞大和高度流动。因数量过于庞大，任何关于农民工的调查研究只能以抽样的方式进行，但任何抽样都要控制好误差，而抽样误差与样本大小密切相关，样本越大，越接近总体，抽样误差越小，反之抽样误差越大，所以在一定精确度要求下，总体越大者其样本要求亦应越大；虽然一般的社会调查并不要求很高的精确度，调查人员往往凭经验确定样本容量的大致范围，但为了确保研究的置信水平，仍旧对样本容量有一定的要求（见表7.1）（袁方，1997：224—229）。

表7.1　　　　　　　　　经验确定样本数的范围

总体规模	100人以下	100—1000人	1000—5000人	5000—1万人	1万—10万人	10万人以上
样本占总体比重	50%以上	50%—20%	30%—10%	15%—3%	5%—1%	1%以下

据表7.1来看，我们所调查的483个样本，比起外出农民工1.75亿的总体规模，显然是太少了。然而，这并非我们太懒，更非投机取巧，是因为农民工的流动性以及该群体对陌生调查者的防范心理。农民工并非静静地在那里等着我们去调查，其流动性让我们定时定点地找到他们并不是件容易的事，而且即便找到他们，他们对我们的问卷调查也是保持高度的警惕，不轻易接受调查，这些都让我们的调查举步维艰。或许如此，绝大多数农民工调查的样本都不多，涉及的空间范围也不会太广。本人曾尽可能收集了2006—2011年间关于农民工语言调查的文献，结果发现，绝大多数农民工语言调查都是在某一个点（某个城市或某个农村地区）进行的，且人数大多不超过300人（见表7.2）（付义荣，2012）。正如教育部语用所的谢俊英（2011）所评论的，现在的有关调查（即农民工语言调查）不成规模，不能形成有影响力的成果。

表7.2　　　　　　　　农民工调查的区域与规模情况

调查区域	论文篇数	调查人数	论文篇数
某个城市或农村地区	22（81.5%）	0—300	17（63%）
2个城市	3（11.1%）	301—500	2（7.4%）
3个城市	1（3.7%）	501以上	7（25.9%）
5个城市	1（3.7%）	不详	1（3.7%）
合计	27（100%）	合计	27（100%）

很显然，农民工调查实际隐藏这样一种两难：一方面这一群体总体规模庞大且分布广泛，需要我们在多个地点调查足够多的个体以保证研究的置信水平；另一方面这一群体又是高度流动的，难以找到抽中的样本并对其进行调查。这一两难限制了样本容量，而有限的样本容量又使得我们的研究结果不能推论总体，而只能作为了解总体状况的参考。所以，当前的农民工语言研究，包括我们的研究，只是对农民工总体语言

状况的参考，并不能用来推论总体。要想改变这一局面，除了需要精确的抽样调查并对样本的代表性进行检验外，最要紧的还是要扩大调查的地点和样本的容量。当然，要做到这一点就需要投入更多的人力、财力，而非区区几个人的研究团队和几万元的项目经费。

附录　进城务工人员社会认同和语言使用状况问卷调查

先生/女士：

　　您好！

　　我们是集美大学文学院的社会调查员，现正开展"语言使用与社会认同"方面的研究，需要向您了解相关信息。您所提供的信息是匿名的，并纯粹用于科学研究。我们向您郑重承诺，您的回答绝对不会给您带来任何麻烦。恳请您的合作，谢谢！

填表说明

1. 请在您认为合适的答案上打上"√"，或者在"＿＿＿＿"处填上适当的内容。
2. 本调查不用填写姓名和工作单位，答案没有对错之分。
3. 若无特别说明，每个问题只能选择一个答案。

第一部分　个人及家庭状况

1. 您的性别：
   （1）男　　　　　　　　（2）女
2. 您的出生年（直接填写年份）：19＿＿＿＿年。
3. 您的家乡：＿＿＿＿省＿＿＿＿县。
4. 您的文化程度：
   （1）没读过书　　　　　（2）小学
   （3）初中　　　　　　　（4）高中

(5) 职高/中专/技校　　　(6) 大专及以上

5. 您的婚姻状况：

　　(1) 未婚　　　　　　　(2) 已婚

　　(3) 其他

6. 您家里是否还有其他人在这里打工或生活？

　　(1) 不是，只有我一人　(2) 是的，还有其他部分家人

　　(3) 是的，全家都来了。

7. 您在老家做过农活吗？

　　(1) 没做过　　　　　　(2) 偶尔做一下

　　(3) 做得比较多　　　　(4) 做得很多

8. 您在城市打工有多少年了？　　大概有_____年了。

9. 您现在从事的工作属于哪个行业？

　　(1) 建筑业　　　　　　(2) 加工制造业

　　(3) 住宿、餐饮业　　　(4) 批发、零售业

　　(5) 家政服务业　　　　(6) 交通运输业

　　(7) 保安、物业管理　　(8) 文化教育

　　(9) 其他（具体是_____）

10. 您是如何找到现在这份工作的？

　　(1) 家人、亲戚、朋友或老乡介绍的

　　(2) 单位到老家招工

　　(3) 通过劳务市场或职业介绍所

　　(4) 通过地方政府部门的介绍

　　(5) 其他（具体是_____）

第二部分　社会认同情况

11. 您认为自己现在的身份是：

　　(1) 农村人　　　　　　(2) 城里人

　　(3) 不好说

12. 您是否想改变自己的农村人身份吗？

　　(1) 想　　　　　　　　(2) 不想

（3）无所谓
13. 您觉得农村人有可能成为城里人吗？
    （1）很有可能　　　　（2）有点可能
    （3）不太可能　　　　（4）不可能
14. 您在城里平时交往最多的是：
    （1）家人、亲戚或其他老乡
    （2）其他地方的农民工
    （3）当地城里人
    （4）其他地方的城里人
15. 您所交往的人中，大约有_____个是城里人。
16. 您认为城里人对农村人友好吗？
    （1）很友好　　　　　（2）比较友好
    （3）一般　　　　　　（4）不太友好
    （5）很不友好
17. 您在城里有"家"的感觉吗？
    （1）没有　　　　　　（2）有
    （3）说不清
18. 您更喜欢农村还是城市？
    （1）农村　　　　　　（2）城市
    （3）都喜欢　　　　　（4）都不喜欢
19. 您对未来有什么打算？
    （1）在城市买房，成为城里人
    （2）赚够了钱就回农村老家
    （3）有钱没钱我都想回老家
    （4）走一步看一步，顺其自然
    （5）没想过　　　　　（6）其他（请写明_____）
20. 如果在城市混得不好，您是否愿意回老家？
    （1）愿意　　　　　　（2）没办法，只能回去
    （3）不愿意　　　　　（4）没想过
21. 您认为自己在城市大体上属于哪个阶层？
    （1）上层　　　　　　（2）中上层

（3）中层　　　　　　（4）中下层
（5）下层　　　　　　（6）说不清

22. 您对自己目前的状况感到满意吗？
（1）很满意　　　　　（2）基本满意
（3）不太满意　　　　（4）很不满意
（5）说不清

第三部分　语言使用情况

23. 您会说的语言有（可以多选）：
（1）普通话　　　　　（2）老家话
（3）其他（具体是_____）

24. 在老家您使用的语言一般是：
（1）普通话　　　　　（2）老家话
（3）其他（具体是_____）

25. 在城里您使用的语言一般是：
（1）普通话　　　　　（2）老家话
（3）其他（具体是_____）

26. 遇到老乡时您使用的语言一般是：
（1）普通话　　　　　（2）老家话
（3）其他（具体是_____）

27. 在家里您使用的语言一般是：
（1）普通话　　　　　（2）老家话
（3）其他（具体是_____）

28. 在工作中您使用的语言一般是：
（1）普通话　　　　　（2）老家话
（3）其他（具体是_____）

29. 您的普通话水平目前所能达到的程度：
（1）很熟练　　　　　（2）一般
（3）只会一些简单用语　（4）一点也不会说

30. 您是如何学会普通话的？（可以多选）

（1）在学校学会的

（2）在城里自然而然学会的

（3）通过电视等媒体学会的

（4）家人（如父母等）教的

（5）其他（具体是_____）

31. 您是如何学会老家话的？

（1）在学校学会的

（2）在老家自然而然学会的

（3）通过电视等媒体学会的

（4）家人（如父母等）教的

（5）其他（具体是_____）

32. 您认为普通话与老家话哪个更好听？

（1）普通话　　　　　　（2）老家话

（3）不好说

33. 您认为普通话与老家话哪个更有用？

（1）普通话　　　　　　（2）老家话

（3）不好说

34. 您的老家话水平目前所能达到的水平：

（1）很熟练　　　　　　（2）一般

（3）只会一些简单用语　（4）一点也不会说

35. 您希望您的孩子：

（1）只会说普通话　　　（2）只会说老家话

（3）普通话、老家话都会说

（4）其他（具体是_____）

36. 对于当地城里人所用的方言，您所达到的水平：

（1）很熟练　　　　　　（2）一般

（3）只会一些简单用语　（4）一点也不会说

37. 如果一个老乡对你用普通话说话，你会感觉：

（1）不舒服　　　　　　（2）很好

（3）无所谓

以上就是此次调查的全部内容。对于您的合作，我们表示由衷的感谢，祝您工作顺利、生活幸福！

参考文献[①]

[1] 阿尔弗雷德·格罗塞:《身份认同的困境》,社会科学文献出版社 2010 年版。

[2] 艾尔·巴比:《社会研究方法》(第十一版),华夏出版社 2009 年版。

[3] 艾布拉姆·德·斯旺:《世界上的语言》,花城出版社 2008 年版。

[4] 包福存、张海军:《建筑业青年农民工的社会认同》,《沈阳大学学报》2007 年第 1 期。

[5] 边燕杰、李颖晖:《体制转型与户籍身份转化:"农转非"微观影响机制的时代变迁》,《中山大学学报》(社会科学版)2014 年第 4 期。

[6] 博纳德·斯波斯基:《语言政策——社会语言学中的重要论题》,商务印书馆 2011 年版。

[7] 蔡禾、曹志刚:《农民工的城市认同及其影响因素》,《中山大学学报》(社会科学版)2009 年第 1 期。

[8] 曹进、曹文:《言语交际视角下农民工语言使用的嬗变——以兰州市城关区及安宁区为例》,《西北成人教育学报》2011 年第 3 期。

[9] 曹彦鹏:《排斥与认同:对新生代农民工融入城市问题的思考》,《上海青年管理干部学院学报》2012 年第 3 期。

[10] 查尔斯·泰勒:《自我的根源:现代认同的形成》,译林出版社 2001 年版。

[11] 陈晨:《新生代农民工的主体性建构:语言认同视角》,《中国农业大学学报》(社会科学版)2012 年第 3 期。

[①] 本参考文献按先中文后英文这两类进行排序,每一类又按作者姓名的汉语拼音排序。

［12］陈慧玲：《经济转型、职业分层与中国农民工社会态度》，硕士学位论文，复旦大学，2012 年。

［13］陈建伟：《临沂方言和普通话的接触研究》，苏州大学，博士学位论文，2008 年。

［14］陈丽江：《中国的批评语言学研究》，《外语教学》2006 年第 6 期。

［15］陈章太：《中国社会语言学在发展中的问题》，《世界汉语教学》2002 年第 2 期。

［16］迟帅、金银：《新生代农民工群体特征研究》，《当代青年研究》2012 年第 5 期。

［17］储卉娟：《乡关何处——新生代农民工研究述评》，《中国农业大学学报》（社会科学版）2011 年第 3 期。

［18］崔晓飞：《城市农民工阶层的语言使用状况及思考》，《社会工作》2008 年第 5 期。

［19］戴尔·海姆斯：《论交际能力》，《社会语言学译文集》，北京大学出版社 1985 年版。

［20］戴红亮：《广西普通话普及情况调查分析》，《语言文字应用》2012 年第 1 期。

［21］戴维·克里斯特尔：《现代语言学词典》，商务印书馆 2000 年版。

［22］邓伟志：《社会学辞典》，上海辞书出版社 2009 年版。

［23］董海军：《镜像中的新生代农民工》，《中国青年研究》2006 年第 4 期。

［24］董明伟：《城市农民工的自我社会认同分析》，《云南财贸学院学报》（社会科学版）2008 年第 2 期。

［25］樊中元：《广西农民工语言实证研究》，《广西社会科学》2011 年第 9 期。

［26］范叶超、杨慧玲：《新生代农民工的社会流动惰距》，《黑河学刊》2011 年第 2 期。

［27］方文：《群体资格：社会认同事件的新路径》，《中国农业大学学报》2008 年第 3 期。

［28］费尔迪南·德·索绪尔：《普通语言学教程》，商务印书馆 1980

年版。

[29] 费穗宇：《社会心理学词典》，河北人民出版社1988年版。

[30] 费正清：《美国与中国》，世界知识出版社2000年版。

[31] 冯仰生：《苏北地区新生代农民工社会认同状况的调查与思考》，《江苏建筑职业技术学院学报》2014年第4期。

[32] 付义荣：《也谈人口流动与普通话普及——以安徽傅村进城农民工为例》，《语言文字应用》2010年第2期。

[33] 付义荣：《言语社区和语言变化研究——基于安徽傅村的社会语言学调查》，北京大学出版社2011年版。

[34] 付义荣：《关于农民工语言研究的回顾与反思》，《语言文字应用》2012年第4期。

[35] 甘满堂：《城市农民工与转型期中国社会的三元结构》，《福州大学学》（哲学社会科学版）2001年第4期。

[36] 高小焱：《城市化对新生代农民工语言交际与学习的影响及对策》，《中国成人教育》2014年第20期。

[37] 高莉琴、李丽华：《乌鲁木齐农民工语言调查研究》，《新疆大学学报》（哲学人文社会科学版）2008年第5期。

[38] 葛俊丽：《城市化进程中城市新移民语言状况调查与分析》，《浙江工业大学学报》（社会科学版）2011年第4期。

[39] 管雷：《网络时代的新生代农民工：农民工的换代与转型》，《中国青年研究》2011年第1期。

[40] 郭骏：《语言态度与方言变异》，《南京社会科学》2007年第8期。

[41] 郭科：《新生代农民工的社会认同——基于西安市新生代农民工的实证研究》，西北大学，硕士学位论文，2009年。

[42] 郭科、陈倩：《新生代农民工社会认同状况的实证研究》，《重庆科技学院学报》（社会科学版）2010年第12期。

[43] 郭熙、曾炜、刘正文：《广州市语言文字使用情况调查报告》，《中国社会语言学》2005年第2期。

[44] 郭星华、储卉娟：《从乡村到都市：融入与隔离——关于民工与城市居民社会距离的实证研究》，《江海学刊》2004年第3期。

［45］郭星华等：《漂泊与寻根——流动人口的社会认同研究》，中国人民大学出版社2011年版。

［46］郭星化、李飞：《漂泊与寻根——农民工社会认同的二重性》，《人口研究》2009年第6期。

［47］国家人口和计划生育委员会流动人口服务管理司：《流动人口发展报告》，中国人口出版社2011年版。

［48］国家统计局住户调查办公室：《新生代农民工基本情况研究课题组》，《数据》2011年第4期。

［49］国家语委"中国语言生活状况报告"课题组：《中国语言生活状况报告》，商务印书馆2006年版。

［50］国务院研究室课题组：《中国农民工调研报告》，中国言实出版社2006年版。

［51］韩长赋：《农民工问题是事关我国现代化建设顺利推进的大问题》，《学习时报》2010a年10月11日。

［52］韩长赋：《谈"90后"农民工》，《农村·农业·农民》2010b年第2期。

［53］贺凤秀：《广西农民工语言调查研究——以南宁市和桂林市为调查个案》，广西师范大学，硕士学位论文，2012年。

［54］胡伟：《在穗农民工语言使用与语言态度调查研究》，《广州番禺职业技术学院学报》2009年第3期。

［55］胡书芝、吴新慧：《生存在边缘——对青年民工社会融入状况的社会学分析》，《青年研究》2004年第2期。

［56］胡晓红：《社会记忆中的新生代农民工自我身份认同困境——以S村若干新生代农民工为例》，《中国青年研究》2008年第9期。

［57］黄荣：《新生代农民工的社会认同研究——基于消费视角的社会学分析》，安徽大学学位论文，2012年。

［58］吉密欧：《一个中国农民工的故事》，FT中文网（www.ftchinese.com），2015年5月15日报道。

［59］蒋冰冰：《双语与语言和谐》，《修辞学习》2006年第6期。

［60］靳晓燕：《普通话普及率全国超54%》，《光明日报》2010年9月4日。

[61] 荆其诚：《简明心理百科全书》，湖南教育出版社1991年版。

[62] 克劳德 M. 斯蒂尔：《刻板印象：我们为什么那样看别人，这样看自己?》，机械工业出版社2014年版。

[63] 拉波夫：《纽约市百货公司（r）的社会分层》，《社会语言学译文集》，北京大学出版社1985年版。

[64] 雷红波：《上海新移民的语言社会学调查》，博士学位论文，复旦大学，2008年。

[65] 黎红：《从被动到自觉：新生代农民工的语言环境与同化路径研究》，《浙江社会科学》2015年第2期。

[66] 李昌平：《我向百姓说实话》，远方出版社2004年版。

[67] 李怀：《社会网视域下的农民工求职研究》，《广东社会科学》2007年第6期。

[68] 李培林：《流动民工的社会网络和社会地位》，《社会学研究》1996年第4期。

[69] 李培林：《巨变：村落的终结——都市里的村庄研究》，《中国社会科学》2002年第1期。

[70] 李培林等：《中国社会分层》，社会科学文献出版社2004年版。

[71] 李培林、田丰：《中国中产阶级的规模、认同和社会态度》，《社会》2008年第2期。

[72] 李强：《转型时期的中国社会分层结构》，黑龙江人民出版社2002年版。

[73] 李强：《农民工与中国社会分层》，社会科学文献出版社2004年版。

[74] 李芹、程胜利、高鉴国：《农民工的就业流动与生存状况——来自济南市二区的调查》，《中国社会学学会学术年会获奖论文集（2）》，社会科学文献出版社2002年版。

[75] 李绍山：《语言研究中的统计学》，西安交通大学出版社2001年版。

[76] 李小玉：《当前我国农民工收入现状及提升路径》，《企业经济》2012年第12期。

[77] 力量、夏历：《城市农民工用语现状与发展趋势》，《河北学刊》

2008年第4期。
[78] 林崇德、杨治浪、黄希庭:《心理学大辞典》,上海教育出版社2003年版。
[79] 林伟:《宿城村外出务工人员语言状况研究》,硕士学位论文,南京大学,2011年。
[80] 刘双:《新生代农民工社会认同困境分析》,《传承》2010年第3期。
[81] 刘豪兴:《农村社会学》,中国人民大学出版社2004年版。
[82] 刘丽:《新生代农民工"内卷化"现象及其城市融入问题》,《河北学刊》2012年第4期。
[83] 刘茜、杜海峰、靳小怡、崔烨:《留下还是离开:政治社会酱对农民工留城意愿的影响研究》,《社会》2013年第4期。
[84] 刘易斯·A. 科瑟:《社会学思想名家》,中国社会科学出版社1990年版。
[85] 刘玉兰:《跨国瑶族家庭语言使用现状研究——以泰美刘家四代人为个案》,《民族论坛》2012年第4期。
[86] 刘玉屏:《农民工语言行为的社会文化解读——以浙江省义乌市为个案》,《修辞学习》2008年第3期。
[87] 刘玉屏:《农民工语言使用与语言态度调查》,《农业考古》2009年第6期。
[88] 刘玉屏:《农民工语言再社会化实证研究——以浙江省义乌市为个案》,《语言文字应用》2010a年第2期。
[89] 刘玉屏:《农民工语言行为的社会学研究》,《求索》2010b年第8期。
[90] 刘玉屏、侯友兰:《农民工语言使用情况调查——以浙江省绍兴市为样本》,《绍兴文理学院学报》(哲学社会科学版)2008年第4期。
[91] 刘玉侠、尚晓霞:《新生代农民工城市融入中的社会认同考量》,《浙江社会科学》2012年第6期。
[92] 陆阳:《浅析社会工作对新生代农民工自我身份认同困境的介入——以重庆市铜梁县A村为例》,《科技创业月刊》2010年第

7期。

[93] 陆益龙：《1949年后中国的户籍制度》，《北京大学学报》（哲学社会科学版）2002年第3期。

[94] 马凤鸣：《农民工城市社会适应的影响因素》，《西南大学学报》2012年第2期。

[95] 马戎：《语言使用与族群关系》，《西北民族研究》2004年第1期。

[96] 迈克尔·豪格、多米尼克·阿布拉莫斯：《社会认同过程》，中国人民大学出版社2011年版。

[97] 曼纽尔·卡斯特：《认同的力量》，社会科学文献出版社2003年版。

[98] H.孟德拉斯：《农民的终结》，社会科学文献出版社2005年版。

[99] 米庆成：《进城农民工的城市归属感问题探析》，《青年研究》2004年第3期。

[100] 莫红霞：《城市化进程中农民工语言接触与语言认同研究——以杭州市农民工为调查样本》，《文教资料》2010年第14期。

[101] 诺姆·乔姆斯基：《句法理论的若干问题》，中国社会科学出版社1986年版。

[102] 彭远春：《论农民工身份认同及其影响因素》，《人口研究》2007年第2期。

[103] 戚雨村等：《语言学百科词典》，上海辞书出版社1993年版。

[104] 钱文荣、黄祖辉：《转型时期的中国农民工》，中国社会科学出版社2007年版。

[105] 秦广强：《进京农民工的语言能力与城市融入——基于适应性区群抽样数据的分析》，《语言文字应用》2014年第3期。

[106] 秦晖、思无涯：《行有制》，天津人民出版社2002年版。

[107] 全国总工会新生代农民工问题课题组：《关于新生代农民工问题的研究报告》，《江苏纺织》2010年第8期。

[108] 沈晖：《当代中国中间阶层认同研究》，中国大百科全书出版社2008年版。

[109] 沈家煊：《近年来语言学研究综述》，载李铁映编：《中国人文社

会科学前沿报告（1999）》，社会科学文献出版社 1999 年版。
[110] 宋林飞：《西方社会学理论》，南京大学出版社 1997 年版。
[111] 苏黛瑞：《在中国城市中争取公民权》，浙江人民出版社 2009 年版。
[112] 苏金智：《国内外语言文字使用情况调查概述》，《语言文字应用》1999 年第 4 期。
[113] 苏金智：《江苏省普通话普及情况调查分析》，《语言文字应用》2012 年第 1 期。
[114] 孙立平：《断裂——20 世纪 90 年代以来的中国社会》，社会科学文献出版社 2004 年版。
[115] 孙曼君：《河北省普通话普及情况调查分析》，《语言文字应用》2011 年第 4 期。
[116] 唐灿、冯小双：《论流动农民的二次分化——以"河南村"为例》，《中国党政干部论坛》2002 年第 7 期。
[117] 唐慧敏、解天然、许君：《合肥市新生代农民工社会认同状况的实证研究》，《阜阳师范学院学报》（社会科学版）2014 年第 6 期。
[118] 唐斌：《"双重边缘人"：城市农民工自我认同的形成及社会影响》，《中南民族大学学报》2002 年第 8 期。
[119] 童宗斌：《职业生涯与工作适应：新生代农民工的城市实践》，《中国青年研究》2011 年第 1 期。
[120] 托马斯·库恩：《科学革命的结构》，北京大学出版社 2003 年版。
[121] 汪新建：《从社会结构到主体建构：农民工社会认同研究的路径转向与融合期待》，《山东社会科学》2014 年第 6 期。
[122] 王成兵：《当代认同危机中的人学解读》，中国社会科学出版社 2004 年版。
[123] 王春光：《新生代的农村流动人口对基本公民权的渴求》，《民主与科学》2000 年第 1 期。
[124] 王春光：《新生代农村流动人口的社会认同与城市融合的关系》，《社会学研究》2001 年第 3 期。

[125] 王汉生等:《"浙江村":中国农民进入城市的一种独特方式》,《社会学研究》1997年第1期。

[126] 王立志:《塞林文化冲突理论的分析与适用——以广州城中村农民工犯罪为视角》,《法学论坛》2009年第2期。

[127] 王丽:《江苏新生代农民工收入差异的个体因素分析》,《统计科学与实践》2013年第11期。

[128] 王亮:《制度建构与个体的身份认同问题——我国二元的户籍制度对失地农民身份认同的影响》,《前沿》2010年第8期。

[129] 王玲:《农民工语言认同与语言使用的关系及机制分析》,《北华大学学报》2010年第3期。

[130] 王益敏、汪子芳:《17岁服务员为何如此狂暴》,《钱江晚报》2015年8月26日。

[131] 王欣:《文化大发展中农民工语言变迁研究——以青海省西宁市为例》,《青海社会科学》2012年第2期。

[132] 王伟:《新生代农民工的社会认同研究——以长春市为例》,吉林大学,硕士学位论文,2012年。

[133] 王毅杰、倪云鸽:《流动农民工社会认同现状探析》,《苏州大学学报》(哲学社会科学版)2005年第2期。

[134] 王毅杰、王微:《国内流动农民研究述评》,《河海大学学报》(哲学社会科学版)2004年第1期。

[135] 王义祥:《当代中国社会变迁》,华东师范大学出版社2006年版。

[136] 王远新:《湖南省城步县长安营村语言使用、语言态度调查》,《中央民族大学学报》(哲社版)2008年第1期。

[137] 魏礼群:《正确认识和高度重视解决农民工问题》,《人民日报》2006年4月26日。

[138] 吴蓓:《二重与多维:融入进程中的社会认同》,《陕西行政学院学报》2013年第4期。

[139] 吴玉军、宁克平:《城市化进程中农民工的城市认同困境》,《浙江社会科学》2007年第4期。

[140] 夏历:《在京农民工语言状况研究》,中国传媒大学,博士学位

论文，2007a 年。

[141] 夏历：《农民工言语社区探索研究》，《语言文字应用》2007b 年第 1 期。

[142] 夏历：《东北地区农民工语言状况调查研究》，《北华大学学报》2010 年第 3 期。

[143] 夏历、谢俊英：《农民工的语言状况》，《长江学术》2007 年第 3 期。

[144] 项飚：《流动、传统网络市场化与"非国家人空间"》，载张静主编《国家与社会》，浙江人民出版社 1998 年版。

[145] 谢邦昌、朱建平、何海鹰：《Excel 2007 在统计分析中的应用》，清华大学出版社 2008 年版。

[146] 谢桂华：《农民工与城市劳动力市场》，《社会学研究》2007 年第 5 期。

[147] 谢建社：《融城与逆城：新生代农民工两难选择——基于 GCF 监狱调查》，《广州大学学报》（社会科学版）2010 年第 2 期。

[148] 谢建社：《新生代农民工融入城镇问题研究》，人民出版社 2011 年版。

[149] 谢俊英：《在京务工人员语言状况调查与分析》，《语言规划理论与实践》，语文出版社 2004 年版。

[150] 谢俊英：《城市化进程中的农民工语言问题》，《云南师范大学学报》（哲学社会科学版）2011 年第 3 期。

[151] 谢晓明：《关注农民工的语言生活状况》，《江汉大学学报》2006 年第 4 期。

[152] 许传新：《新生代农民工的身份认同及影响因素分析》，《学术探索》2007 年第 6 期。

[153] 许传新：《新生代农民工城市生活中的社会心态》，《思想政治工作研究》2007 年第 10 期。

[154] 许太福：《厦门市外来务工人员的社会认同及其影响因素分析》，《现代经济信息》2012 年第 4 期。

[155] 徐大明：《语言变异与变化》，上海教育出版社 2006 年版。

[156] 徐大明：《中国社会语言学的新发展》，《南京社会科学》2006

年第 2 期。

[157] 徐大明：《社会语言学实验教程》，北京大学出版社 2010 年版。

[158] 徐大明、陶红印、谢天蔚：《当代社会语言学》，中国社会科学出版社 1997 年版。

[159] 徐通锵：《历史语言学》，商务印书馆 1991 年版。

[160] 杨菊花、张莹、陈志光：《北京市流动人口身份认同研究——基于不同代际、户籍及地区的比较》，《人口与经济》2013 年第 3 期。

[161] 杨昕：《新生代农民工"半城市化"问题研究》，《当代青年研究》2008 年第 9 期。

[162] 姚俊：《"路在何方"：新生代农民工发展取向研究——兼与老一代农民工的比较分析》，《青年研究》2010 年第 6 期。

[163] 俞玮奇：《市场领域的语言生活状况——在南京、苏州和常州农贸市场的非介入式调查》，《语言文字应用》2011a 年第 4 期。

[164] 俞玮奇：《苏州市外来人口第二代的语言转用考察》，《语言教学与研究》2011b 年第 1 期。

[165] 俞玮奇：《城市公共领域语言使用状况的社会差异——在南京和苏州百货公司的匿名调查》，《语言教学与研究》2012a 年第 1 期。

[166] 俞玮奇：《城市青少年语言使用与语言认同的年龄变化》，《语言文字应用》2012b 年第 3 期。

[167] 袁方：《社会研究方法教程》，北京大学出版社 1997 年版。

[168] 约翰·加普：《中国的两代农民工》，《金融时报》2011 年 9 月 21 日。

[169] 曾晓洁：《新生代农民工的母语能力缺失与补偿》，《湖南农业大学学报》（社会科学版）2011 年第 4 期。

[170] 翟学伟：《社会流动与关系信任》，《社会学研究》2003 年第 1 期。

[171] 张国胜、陈瑛：《我国户籍制度改革的演化逻辑与战略取向——以农民工为例的新政治经济学分析》，《经济学家》2014 年第 5 期。

[172] 张建武、张一民、杨锋锋:《深圳市新生代农民工特征调查报告》,《劳动保障世界》2011年第3期。

[173] 张璟玮、徐大明:《人口流动与普通话普及》,《语言文字应用》2008年第3期。

[174] 张娜、雷怀英:《新生代农民工收入影响因素研究》,《农业技术经济》2013年第7期。

[175] 张树铮:《试论普通话对方言语音的影响》,《语言文字应用》1995年第4期。

[176] 张先亮、赵思思:《城市化进程中农民工语言能力现状及对策研究——以嘉兴市农民工为例》,《第七届全国语言文字应用学术研讨会论文集》,湘潭大学出版社2013年版。

[177] 张祝平:《新生代农民工的生存状态、社会认同与社会融入:浙江两市调查》,《重庆社会科学》2011年第2期。

[178] 章瑜:《还原失声话语:关于农民工话语的批判分析》,浙江大学硕士学位论文,2006年。

[179] 赵岚:《新生代农民工的教育价值观及其对子女教育的影响》,《东北师大学报》2007年第6期。

[180] 赵蓉晖:《最近十年的中国社会语言学》,《新疆大学学报》(哲学人文社会科学版)2005年第3期。

[181] 郑春平、鹿伟、刘伟伟:《总理讲述民工故事,感动全场》,《现代快报》2015年3月8日。

[182] 郑全庆、顾娟:《"农民工"一词的法理分析》,《中共杭州市委党校学报》2007年第6期。

[183] 中国青少年研究中心:《中国新生代农民工发展状况及代际对比研究报告》,2008年,http://www.cycs.org/Article.asp?Category=1&Column=389&ID=7879。

[184] 中国语言文字使用情况调查领导小组办公室:《中国语言文字使用情况调查资料》,语文出版社2006年版。

[185] "中国语言生活状况报告"课题组成:《中国语言生活状况报告(2006)》,商务印书馆2007年版。

[186] 周薇:《语言态度与语言使用的相关分析——以2007年南京城

市语言调查为例》,《语言教学与研究》2011年第1期。

[187] 朱考金:《城市农民工的心态与观念——以南京市600例样本的频数分布为例》,《社会》2003年第3期。

[188] 朱力:《论农民工阶层的城市适应》,《江海学刊》2002年第6期。

[189] 朱永安:《新生代农民工研究》,南京师范大学硕士学位论文,2005年。

[190] 朱智贤:《心理学大词典》,北京师范大学出版社1989年版。

[191] 褚荣伟、熊易寒、邹怡:《农民工社会认同的决定因素研究:基于上海的实证分析》,《社会》2014年第4期。

[192] Adorno, T. et al. *The Authoritarian Personality*. New York: Harper and Bros, 1950.

[193] Allport, F. H., *Social Psychology*. Boston: Houghton-Mifflin, 1924.

[194] Billig, M., *Social Psychology and Intergroup Relations*. London: Academic Press, 1976.

[195] Bernstein, B., Social class, language and socialization. In Giglioli (1972), 1972.

[196] Cedegren, H., *The interplay of social and linguistic factors in Panama*. PH. D. dissertation: University of Pennsylyania, 1973.

[197] Brewer, M. B., The many faces of social identity: implications for political psychology. *Political Psychology*, 2001 (1).

[198] Chambers, J. K.、P. Trudgill:《方言学》,北京大学出版社2002年版。

[199] Cohen, Robin. *The New Helots. Migrants in the International Division of Labor*. Aldershot, England: Avebury, 1987.

[200] Deaux, K., Social Identity. In Dr. Worell (ed.). *Encyclopedia of Women and Gender*. Waltham: Academic Press, 2001.

[201] Doise, W., *Groups and Individuals: Explanations in Social Psychology*. Cambridge: Cambridge University Press, 1978.

[202] Erikson, E., *Identity and the Life Cycle* [M]. New York: International Universities Press, 1959.

[203] Ferrer, R. C. & Sankoff, D., Identity as the Primary Determinant of Language Choice in Valencia. *Journal of Sociolinguistics*, (1).

[204] Gal, S., Peasant men can't get wives: Language change and sex roles in a bilingual community. *Language in Society*, 1978 (7).

[205] Giglioli, P. P., (ed.). *Language and Social Context: Selected Readings*. Harmondsworth, England: Penguin Books, 1972.

[206] Hess, R. D. and V. C., Shipman. Early Experience and the Socialization of Cognitive Modes in Children. *Child Development*, 1965 (36).

[207] Hogg, M. A., and Williams, Kipling D. From I to We: Social identity and the collective self. *Group Dynamics: Theory, Research and Practice*, 2000, 4 (1).

[208] Hudson, R. A., *Sociolinguistics*. Beijing: Foreign Language Teaching and Research Press, 2000.

[209] Israel, J. and Tajfel,, H. (eds). *The context of Social Psychology: A Critical Assessment*. London: Academic Press, 1972.

[210] Jenkins, R., Social Identity. London: Routledge Publishing Group, 1996.

[211] Johnstone, B., and J. M. Bean. Self expression and linguistic variation. *Language in Society*, 1997 (26).

[212] Kelmen, H. C., Processes of opinion change. *Public Opinion Quarterly*, 1961 (25).

[213] Key, M. R., *Male/Female Language*. Metuchen, NJ: Scarecrow Press, 1975.

[214] Labov, W., The social motivation of a sound change. *Word*, 1963 (19).

[215] Labov, W., The study of language in its social context. *Studium Generale*, 1970 (23).

[216] Labov, W., *Language in the Inner City: Studies in the Black English Vernacular*. Philadelphia: University of Pennsylyania Press, 1972a.

[217] Labov, W., *Sociolinguistic Patterns*. Philadelphia: University of

Pennsylvania Press, 1972b.

[218] Labov, W:《拉波夫语言学自选集》，北京语言文化大学出版社 2001a 年版。

[219] Labov, W., *Principles of Linguistic Change: Social Factors*. Oxford and Cambridge: Blackwell, 2001b.

[220] Lambert, W. E., Language as a factor in interguoup relations. In H. Giles and R. N. St Clair (eds). Language and Social Psychology. Oxford: Blackwell, 1979.

[221] Le Page, R., and Tabouret-Keller, A. *Acts of Identity: Creole-Based Approaches to Language and Ethnicity*. Cambridge: Cambridge University Press, 1985.

[222] Linde, C., Gougen, J., Finnie, E., Mackay, S. &M. Wescoat. Bank and status in the cockpit: Some linguistic consequences of crossed hierarchies. In K. Denning(ed.). *Variation in Language: Proceedings of the NWAV-XV Conference at Stanford University*. Stanford: Stanford Linguistics, 1987.

[223] Marschak, J., The Economics of Language. Behavioral Science, 1965 (10).

[224] McDougall, W., *The Group Mind*. London: Cambridge University Press, 1921.

[225] Mead, G. H., *Mind, Self and Society*. Chicago: University of Chicago Press, 1934.

[226] Mendoza-Denton, N. Chicana/Mexican identity and linguistic variation: An ethnographic and sociolinguistic study of gang affiliation in an urban high school. Ph. D. dissertation: Stanford University, 1997.

[227] Mendoza-Denton, N. Language and identity. In J. K. Chambers, P. Trudgill and N. Schilling-Estes(eds.). *The Handbook of Language and Variation*. Oxford: Blackwell, 2002.

[228] Milroy, J. & L., Milroy:《社会语言学中的"网络分析"》,《国外语言学》1995 年第 2 期。

[229] Moscovici, S., The Psychosociology of Language. Chicago: Mark-

ham Publishing, 1972.

[230] Myers-Scotton, C., *Social Motivations for Codeswitching.* Oxford: Clarendon, 1993.

[231] Newson, J. and E., Newson. *Four Years Old in an Urban Community.* Harmondsworth, England: Penguin Books, 1970.

[232] Pride, J. B., and J. Holmes. Sociolinguistics: Selected Readings. Harmondsworth, England: Penguin Books, 1972.

[233] Robinson, W. P. and S. J., Rackstraw. Variations in Mothers' Answers to Children's Questions. *Sociology*, 1967 (1).

[234] Rowe, William. *HANKOW: Community and Conflict in a Chinese City.* Stanford: Stanford University Press, 1989.

[235] Schinffrin, D., Narrative as self portrait: Sociolinguistic constructions of identity. *Language in Society*, 1996 (25).

[236] Smith, N., *The Twitter Machine: Reflections on Language*[M]. Oxford: Blackwell, 1989.

[237] Stryker, S., Symbolic interactionism. In M. Rosenberg and R. H. Turner(eds). *Social Psychology: Sociological Perspectives.* New York: Basic Books, 1981.

[238] Tabouret-Keller, A., Language and identity. In F. Coulmas (ed.) *The Handbook of Sociolinguistics.* Beijing: Foreign Language Teaching and Research Press, 2001.

[239] Tajfel, H., Value and the perceptual judgement of magnitude. *Psychological Review*, 1957(64).

[240] Tajfel, H., Experiments in intergroup discrimination. *Scientific American*, 1970 (223).

[241] Tajfel, H., Social categorization, English manuscript of "La categorization sociale". In S. Moscovici (ed.) *Inruoduction à la psychologie sociale*, Vol. 1, Paris: Larousse, 1972.

[242] Tajfel, H., *Differentiation between Social Groups: Studies in the Social Psychology of Intergroup Relations.* London: Academic Press, 1978.

[243] Tajfel, H., *Human Groups and Social Categories: Studies in Social*

Psychology. Cambridge: Cambridge University Press, 1981.

[244] Tajfel, H. & Turner, J. C., An integrative theory of intergroup conflict. In W. G. Austin and S. Worchel (eds) *The social Psychology of Intergroup Relations*. Monterey, Calif.: Brooks-Cole, 1979.

[245] Tajfel, H. & Turner, J. C., The social identity theory of intergroup behaviour. In S. Worchel & W. G. Austin (eds.) Psychology of Intergroup Relations. Chiago, IL: Nelson-Hall, 1986.

[246] Talyor, D. M. and Brown, R. J., Towards a more social social psychology? *British Journal of Social and Clinical Psychology*, 1979 (18).

[247] Trudgill, P., Sex, covert prestige and linguistic change in the urban British English of Norwich. *Language in Society*, 1972 (1).

[248] Trudgill, P., The Glossary of Sociolinguistics. Edinburgh: Edinburgh University Press, 2003.

[249] Walters, K., Gender, identity and the political economy of language: Anglophone wives in Tunisia. *Language in Society*, 1996 (25).

[250] Wardhaugh, R., *An Introduction to Sociolinguistics*. Beijing: Foreign Language Teaching and Research Press, 2000.

[251] Wolfram, W., *A Sociolinguistic Description of Detroit Negro speech*. Washington, D. C., Center for Applied Linguistics, 1969.

后 记

本书是教育部人文社会科学青年基金项目《中国新生代农民工的语言使用与社会认同》（项目批准号：11YJC740026）的最终成果。从2011年立项以来，该项目已开展了4个年头。这是由本人负责完成的第一个"大"项目，做得尤为艰难，一则因为缺乏经验，二则因为担心做得不好对不起该项目的资助。幸运的是，在本项目开展的过程中，本人得到了很多人的鼓励与帮助，从而能够让该项目得以顺利完成，而且以"免予鉴定"的方式完成。

感谢我的博士生导师徐大明先生，是他引领着我走进社会语言学园地，让我开始有了自己的研究兴趣、研究方向，不再为研究什么而迷茫，更不再为研究本身感到乏味。本人之所以对中国新生代农民工的语言使用与社会认同表示关注，实质上始于我多年来对中国农村语言变化和社会变迁的持续关注，而当初之所以选择中国农村作为我的研究议题，正是读博期间得益于徐老师的指导和帮助。2005年，本人以《傅村语言调查：言语社区和语言变化研究》一文顺利从南京大学毕业并拿到博士学位。论文的标题就是徐老师帮我拟的，论文的内容也是在徐老师的悉心指导下不断完善并完成的。论文有不少内容就已涉及农民工，只不过那时还不是全文的重点和核心而已。2007年，本人将这部分内容单列出来，以《语言与社会流动》为题申请当年的国家社科基金项目。虽然最后没有中，却入围了并转为福建省社科联规划项目。这大大增强了我对农民工语言研究的关注，接下来的几年里本人一直都以农民工作为自己的研究重点，其中就包括《中国新生代农民工的语言使用与社会认同》这一项目的获得和完成。可以说，这个项目就是本人研究方向的自然衍生，而这一研究方向正是徐老师帮我确立起来的。

感谢暨南大学华文学院的郭熙教授。当初在南京大学时，他是我硕士时代的老师，也是我读博初年的指导老师。我对社会语言学，尤其是中国社会语言学的了解，始于郭老师寄给我的《中国社会语言学》（南京大学出版社1999年版）。阅读此书之前，我对语言学的印象跟很多人差不多，无非是一门关于语音、词汇或语法的学科，是一门冷冰冰、枯燥乏味的学科，但读完后，第一次发现语言学竟然如此有趣，语言研究也可以跟社会、历史、文化等的研究结合在一起进行。这不仅是我，其实也是诸多读者阅读此书时的感想。自1999年初版以来，该书一版再版，不断展示其深厚的学术魅力，就像它的创作者依旧活跃在学术舞台上一样。对此，即便我毕业离开南京大学多年，仍能感同身受。2015年10月15日，由郭老师主编的《中国语言生活状况报告》（商务印书馆2015年版）在京发布，其中就收录了本人的一篇《新老农民工语言状况调查》。该文的主要内容、观点都来自本书的某些章节，而将其独立成文的过程中，郭老师给予了多方面的悉心指导，尤其帮我发现了其中存在的一些错误，这对我及时修正书中的错误并最终完成本书的撰写无疑大有裨益。

感谢上海市某小学的付义香老师，她是我的姐姐。该小学是一所农民工子弟学校，学生家长多为农民工，付义香本人也是一位在上海打工多年的农民工。由于这样得天独厚的条件，本人在上海的调查变得一下子轻松许多。本书有些数据就来自这一学校的教职工和学生家长，而在收集这些数据的过程中，付义香老师不仅帮我联系相关人士，还帮我发放问卷，付出了很多劳动。

感谢《中国新生代农民工的语言使用与社会认同》项目组的成员刘英、祝晓宏和吴翠芹，他们都是我的同门与朋友。没有他们的鼎力相助，或许就拿不到这一项目，当然也谈不上项目的顺利完成。

一本书的完成，需要耗费大量的气力与心思。在此过程中，我不得不专注创作而疏于对家庭的照顾。在此非常感谢我的妻子，她不仅忙于自己的工作，还得照顾年幼的孩子，每天早晚接送，十分辛苦。

总之，谨以此书献给所有关心和帮助我的人。

同时，真诚欢迎同行们的批评与指教。

付义荣
2015年10月31日